工程造价司法鉴定典型案例
（2024）

河北省建筑市场发展研究会　组织编写

中国建设科技出版社有限责任公司
China Construction Science and Technology Press Co., Ltd.
北　京

图书在版编目（CIP）数据

工程造价司法鉴定典型案例 . 2024 / 河北省建筑市场发展研究会组织编写 . -- 北京：中国建设科技出版社有限责任公司，2025.6. -- ISBN 978-7-5160-4485-8

Ⅰ . D922.297.5

中国国家版本馆 CIP 数据核字第 2025U6F272 号

工程造价司法鉴定典型案例（2024）

GONGCHENG ZAOJIA SIFA JIANDING DIANXING ANLI (2024)

河北省建筑市场发展研究会　组织编写

出版发行：中国建设科技出版社有限责任公司
地　　址：北京市西城区白纸坊东街 2 号院 6 号楼
邮　　编：100054
经　　销：全国各地新华书店
印　　刷：北京印刷集团有限责任公司
开　　本：787mm×1092mm　1/16
印　　张：10
字　　数：220 千字
版　　次：2025 年 6 月第 1 版
印　　次：2025 年 6 月第 1 次
定　　价：68.00 元

本社网址：www.jskjcbs.com，微信公众号：zgjskjcbs
请选用正版图书，采购、销售盗版图书属违法行为
版权专有，盗版必究。本社法律顾问：北京天驰君泰律师事务所，张杰律师
举报信箱：zhangjie@tiantailaw.com　　举报电话：(010)63567684
本书如有印装质量问题，由我社事业发展中心负责调换，联系电话：(010)63567692

《工程造价司法鉴定典型案例（2024）》编写委员会

主　　任：倪文国

副 主 任：马益福　韩锁库　金春平　李海彬　谷志华

委　　员：郭艳军　田秀茹　国丽慧　田胜民　陈慧敏
　　　　　李辉娟　杨晓婷　李静文　谢雅雯　吕英浩
　　　　　康建霞

审查专家：金春平　李海彬　谷志华　国丽慧

编制单位：河北省建筑市场发展研究会

参编单位：（排名不分先后）
　　　　　河北卓越工程项目管理有限公司
　　　　　河北汉丰造价师事务所有限公司
　　　　　河北衡信滨海工程项目管理有限公司
　　　　　河北至诚工程项目管理有限公司
　　　　　河北三源安泰工程造价咨询有限公司
　　　　　河北慧德工程项目管理有限公司
　　　　　河北丰信工程咨询有限公司
　　　　　河北秋实工程咨询有限公司
　　　　　河北友谊永泰工程造价咨询有限公司

前 言

随着我国社会经济的发展，建筑业发展基础条件和发展环境发生深刻变化，因建设工程合同纠纷引起的诉讼和仲裁案件呈持续上升态势。工程造价关系各方市场主体的经济利益是建设工程领域纠纷的核心。工程建设复杂，工期长，工程造价鉴定事项往往数额较大、证据繁杂、勘验困难、争议较多，是一项事关当事人切身利益的经济鉴证类业务，不仅需要很强的专业能力和法律知识，还需要严格的程序规范与职业操守等。规范执业行为、提升专业技术能力、提高鉴定成果质量，是做好工程造价司法鉴定工作的基础。

为更好地发挥行业引领作用，总结建设工程造价鉴定工作经验，引导工程造价咨询企业和工程造价从业人员更好地开展工程造价司法鉴定工作，研究会在会员单位中广泛征集，组织行业专家经过反复筛选、沟通完善，精选11篇工程造价司法鉴定案例、1篇仲裁案例汇编成书。这些案例涵盖了工程造价领域中常见的争议类型，具有一定的典型性、借鉴性，提供了相应的处理思路和有效方法，展现了工程造价鉴定工作严谨的技术要求和过程的规范性，具有一定的借鉴和参考价值。

我们衷心地感谢在这次案例征集中投稿的所有单位和撰稿人，以及参与审阅和出版的专家和工作人员。恳请读者提出宝贵意见和建议，以便我们不断改进和完善，希望本书能为我省工程造价鉴定工作提供有益的帮助。

河北省建筑市场发展研究会
2024 年 12 月

目 录

1. 某涉外熟料水泥生产线项目工程造价司法鉴定
   ………………………… 周 婷 杨永香 王梦涛 王从会 谷志华 　1
2. 某花园小区一期项目工程造价司法鉴定
   ………………………… 张培霞 孙 青 李国瑞 赵 娟 王树艳 　12
3. 某城市综合体项目工程造价司法鉴定
   ………………………… 郭艳军 郭 鑫 于安琪 王 岚 杨海航 　28
4. 某住宅项目已完工程造价司法鉴定
   ………………………… 国丽慧 赵金叶 刘若昕 褚丽丽 李建永 　42
5. 某产业园项目工程设计价值司法鉴定
   ………………………… 李辉娟 李民利 李 淑 李毅飞 吴建柱 　51
6. 某智慧城市-智能交通项目工程造价司法鉴定
   ………………………… 邬云飞 杨振波 韩世伟 高炎西 杨永香 　68
7. 某亲子游乐园项目工程造价司法鉴定
   ………………………… 田秀茹 刘文忠 吴 琼 朱宇巍 　82
8. 某住宅项目争议工程造价司法鉴定
   ………………………… 国丽慧 赵金叶 范晓翠 朱 璇 刘若昕 　92
9. 某城市住宅小区项目工程造价司法鉴定
   ………………………… 郭艳军 郭 鑫 于安琪 王 岚 杨海航 　100
10. 某市某写字楼工程造价司法鉴定
    ………………………… 田胜民 董佐惠 陈 敬 郑凯征 郑 禹 　113
11. 某商品住宅开发项目已完工程造价司法鉴定
    ………………………… 刘 敏 陈慧敏 尹荣利 路 宽 黄 哲 　122
12. 某住宅小区项目工程造价司法鉴定
    ………………………… 李红梅 于喜然 韩星星 　138

1. 某涉外熟料水泥生产线项目工程造价司法鉴定

——河北卓越工程项目管理有限公司

周 婷 杨永香 王梦涛 王从会 谷志华

一、案情简介

原告为施工总承包单位；被告一为劳务承包单位，被告二为实际劳务实施单位，被告三为实际劳务实施单位法定代表人。

2008年5月，原告与被告一签订了《劳务分包合同》，之后原告和被告一、被告二签订债权债务转让确认函，被告一将《劳务分包合同》的权利与义务、债权与债务转移给被告二，被告二实际履行该《劳务分包合同》。

合同分包范围包括石灰石破碎运输、预均化、配料、生料均化、烧成、水泥粉磨、水泥包装散装出厂等3000t/d生产线全过程建筑物、构筑物，以及厂区排水沟等土建工程部分。原合同约定由被告一负责分包工程的施工、竣工和保修，组织与施工进度需要相应的施工人员和施工设备进行分包工程实施；原告负责供应钢材、水泥、门窗、装饰材料，供应材料按照定额消耗量结算；被告一负责地材在当地采购，其他材料在国内采购，材料消耗量按照定额消耗量包死。双方当事人签订了《分包价格协议书》，约定了人工费、机械费、材料费的调整方法，以及措施费和管理费的计取办法，明确了由原告提供的大型设备明细。

该项目于2008年6月开工，2011年11月竣工验收投入使用，被告二向原告提交结算书，但双方对结算金额争议很大，无法达成一致意见。2019年9月，双方当事人协商约定："委托第三方咨询机构进行工程的最终结算，委托咨询费用由双方各承担50%，原告替被告先行垫付。"2021年4月，第三方咨询机构出具了建设工程结算书，审定该工程最终结算金额为50992135.27元。原告提出已超付被告工程款38895087.16元，垫付咨询费122106.00元。原告多次催促被告返还上述欠款，被告均以种种理由久拖不还，为维护其合法权益，依据《中华人民共和国民事诉讼法》及其相关法律法规提起诉讼。2022年5月30日，法院委托鉴定机构对案涉工程造价进行鉴定，分别对本案合同涉及的各单体工程造价、大型机械租赁费用、人工费、机械费人工调差等问题出具鉴定意见。

鉴定机构按照独立、客观、公正、合法的鉴定程序、方法，结合案涉证据资料质证情况出具鉴字（2022）30号造价鉴定意见书，并出庭进行质证。该鉴定意见，特别是确定性意见和选择性意见中的"人工费、机械费人工调差增加费用"部分为法院认定工程造价的基本证据，法院完全采信了鉴定意见书对该工程造价的意见，依法判决驳回原告的诉讼请求。

二、案件争议焦点和造价鉴定难点

案涉工程属于涉外劳务分包项目，建设单体较多，共计27个单体，输出劳务体量大，施工延续时间长，合同约定有歧义，对各部分造价的确定有很大难度。

（一）案件争议焦点

1. 案涉工程人工费调整办法

《劳务分包合同》及《分包价格协议书》中对施工期间人工费调整的取费基数约定不明确，因人工费涉及金额较大，双方当事人对施工期间人工费的调整方法争议较大。原告主张参照《劳务分包合同》约定，人工费用按《全统建筑定额某地区单位估价汇总表》（2004）规定的2.2倍调整；被告二主张依据造价站发布的定额人工费单价通知，调整人工费用后再乘2.2倍。经过对案涉工程所在地人工费调整办法的调查发现，人工费调整为政策性调整，鉴定意见依据某自治区工程造价管理总站发布的某地区建设工程定额人工费单价通知，对施工期间人工费进行了调整。

2. 案涉工程结算取费办法

《劳务分包合同》约定分包价格执行《全统建筑定额某地区单位估价汇总表》（2004），未明确约定取费办法是否参照定额执行，被告二主张参照2004年定额计取，包含临建、规费、税金、财务费用等，双方当事人对结算取费办法争议较大。鉴定机构结合合同约定中冬季施工增加费不计，并约定管理费费率进行综合分析，鉴定意见依据《分包价格协议书》中约定的取费办法，以调整后人工费、机械费为基数，按15%费率计取管理费，不再计取其他费用。

3. 案涉工程安装及制作钢结构工程量、滑膜施工混凝土工程量

由于《劳务分包合同》不包含钢结构、滑膜施工混凝土工程量，双方当事人对其是否由被告施工有争议。原告主张依据《劳务分包合同》约定的施工范围进行结算；被告二提供了施工期间的会议纪要，说明该部分为被告施工，并提供了施工过程照片。鉴于提交的证据资料具备一定的事实基础，鉴定意见依据会议纪要和施工图纸计算工程量，按《劳务分包合同》约定的计价方法计取，列入推断性意见。

4. 案涉工程大型机械租赁费用

《劳务分包合同》的《分包价格协议书》中明确约定大型机械由原告提供，并附大型机械明细表，被告以租赁方式投入施工，且明确约定租赁费用和租赁内容包括操作、管理、维修、维护、燃料等。被告二主张在施工过程中燃料以及机械人工实际均不是原告提供的，双方当事人对此部分争议较大。

被告二仅提供了购买柴油的发票，无法确认该部分发票的真实性、有效性、关联性，鉴定意见书对操作、管理、维修、维护、燃料费用未发表鉴定意见，并依据《分包价格协议书》中约定的费用明细扣除大型机械租赁费用。

(二) 造价鉴定难点

1. 人工费调整争议处理

关于人工费的调整办法，根据某自治区工程造价管理总站发布的某地区建设工程定额人工费单价通知，人工费的调整是根据《最低工资规定》及《关于调整自治区最低工资标准的通知》等，拟定了某地区建设工程定额人工费单价调整系数，并在现行各工程定额人工费单价基础上，按相应的系数调整，该通知应作为定额人工费的补充予以调整。

该项目《劳务分包合同》对人工费调整的约定不明确，且涉及单体较多，施工过程时间较长，经过对相关证据的全面分析和对当地人工费调整办法的调查，根据该项目各单体施工时间，参照不同时期发布的人工费调整文件，对该项目的人工费进行了调整。

2. 安装及制作钢结构工程、滑膜施工混凝土工程争议问题处理

案涉工程存在证据资料前后不一致的情况，合同约定与施工过程资料存在歧义，鉴定意见根据资料发生时间先后，以后发生为准。

该项目《劳务分包合同》中约定，分包工程承包范围依据总包合同承包范围，网架、钢结构、滑膜工程除外。被告二提供了施工过程中的会议纪要，且有建设单位、监理单位签字，明确钢结构工程、滑膜施工混凝土工程均由被告施工。鉴定意见依据会议纪要和施工图纸计算工程量，依据《劳务分包合同》约定计价办法确定工程造价。

3. 鉴定证据不完善情况处理

案涉工程提交的证据资料应尽量完整齐全，对不完善的资料，首先应提请法院协调补充完善资料；对不能完善的资料，鉴定机构应区分不同情况列入选择性意见；有些资料不充分或者无法作为计价依据，应说明双方当事人的争议情况，在鉴定意见书中发表推荐、选择性意见或者暂未发表意见，确保庭审需要。

三、鉴定情况

(一) 司法鉴定委托人提供鉴定材料的内容

（1）鉴定委托书；
（2）合同文件；
（3）质证笔录、庭审笔录；
（4）鉴定证据清单；
（5）双方当事人提供的工程结算书；
（6）施工图、CAD电子版图纸；

（7）工程联系单；

（8）其他材料。

(二) 工程造价司法鉴定情况

1. 鉴定过程

（1）2022年5月30日，鉴定机构收到法院鉴定委托书、施工图纸资料；

（2）2022年6月6日，鉴定机构提交案涉工程关于鉴定委托的复函（含送鉴证据材料目录）及鉴定费用联系函；

（3）2022年6月21日，鉴定机构收到当事人缴纳的部分案涉工程造价鉴定费用；

（4）2022年6月30日，鉴定机构收到部分补充资料，包括开庭笔录、询问笔录等；

（5）2022年7月14日，鉴定机构收到部分补充资料（结算书软件版）；

（6）2022年8月4日，鉴定机构就鉴定有关问题和需补充资料的清单致函法院。

（7）2022年8月31日，鉴定机构收到部分补充资料，包括施工合同；

（8）2022年9月19日，鉴定机构提交补缴鉴定费用联系函；

（9）2022年10月9日，鉴定机构提交鉴定有关施工节点问题和需补充资料联系函；

（10）2022年10月26日，鉴定机构收到双方当事人函复资料电子版；

（11）2022年11月15日，鉴定机构完成案涉工程工程量计算、计价等工作，出具鉴定意见书（征求意见稿）；

（12）2022年11月25日，鉴定机构收到原告对鉴定意见书（征求意见稿）的回复和补充证据（2022年11月20日版本）；

（13）2022年12月6日，鉴定机构收到被告对鉴定意见书（征求意见稿）的回复函（2022年11月23日版本）；

（14）2022年12月7日，鉴定机构就双方当事人关于鉴定意见书（征求意见稿）的异议问题及需要质证的资料致函法院；

（15）2022年12月22日，鉴定机构提交对双方当事人异议回复的联系函；

（16）2022年12月26日，鉴定机构收到被告关于鉴定意见书（征求意见稿）的回复函（2022年12月23日版本），其中钢结构工程经复核，征求意见稿中钢结构工程工程量是依据图纸及会议纪要约定的施工范围计算的，压型钢板的工程量及价格参照定额已综合考虑，其他异议回复同鉴定联系函7；

（17）2022年12月28日，鉴定机构收到被告对鉴定联系函6的回复函；

（18）2022年12月29日，双方当事人未进一步补充提交证据资料，鉴定机构根据已提交的证据资料，完成鉴定意见书（征求意见稿）的调整，出具鉴定意见书。

2. 鉴定依据

（1）行为依据。

① 鉴定委托书；

②《最高人民法院关于审理建设工程施工合同纠纷案件适用法律问题的解释（一）》。

(2) 法律法规及政策依据。

①《中华人民共和国建筑法》；

②《中华人民共和国民法典》；

③《中华人民共和国民事诉讼法》；

④《最高人民法院关于民事诉讼证据的若干规定》；

⑤《建设工程造价鉴定规范》（GB/T 51262—2017）；

⑥ 国家、省（自治区）、市的法律法规及其他有关文件、资料。

(3) 计量与计价依据。

① 双方当事人签订的《劳务分包合同》、《分包价格协议书》、会议纪要等；

②《全统建筑定额某地区单位估价汇总表》（2004）及有关配套调整文件；

③ 施工图纸、标准图集、设计变更洽商及现场签证；

④ 施工期间有关配套调整文件及办法；

⑤ 施工期间《某市工程造价信息》；

⑥ 法院提供的鉴定资料。

3. 鉴定方法

(1) 鉴定机构在接收资料后，认真梳理证据资料，列明需要补充的资料清单和对已提交资料的疑问，以联系函形式致函法院；

(2) 依据鉴定委托书内容和工程施工合同（协议书）、施工技术资料确定鉴定范围；

(3) 依据双方当事人确认的施工图纸、会议纪要核算工程量，参照图纸的工程做法和合同协议约定的计价办法编制计价文件；

(4) 依据鉴定委托书要求及材料价格确定原则，根据定额规定及配套标准、文件及施工期间当地工程造价信息等确定单价；

(5) 鉴定过程采用全面审核法，对所涉项目的工程量计算、定额套用、材料价格确定、取费标准执行等方面，依据鉴定委托书要求及相关规定进行鉴定；

(6) 采用三级程序，即一级编制、二级复核、三级审定确定案涉工程造价。

4. 鉴定意见

(1) 确定性意见。

将双方当事人合同约定明确、事实清楚、工程量已核实认可，或者施工范围无异议的部分（人工费未调整），计入确定性意见。

① 单体 45 个子项、子项外零星签证工程。

鉴定意见：工程造价为 46931846.80 元。

② 滑模工程。

双方当事人对滑模工程中水泥库（284）的施工范围无异议，对工程量未达成一致意见，鉴定意见依据滑膜交接联系单及施工图纸进行计算。

鉴定意见：工程造价为 5365769.76 元。

③ 钢结构工程。

双方当事人对钢结构工程施工范围无争议，鉴定意见依据会议纪要和施工图纸进行计算。

鉴定意见：工程造价为 2434442.34 元。

④ 大型机械租赁费（含操作、管理、维修、维护、燃料费用）。

根据《劳务分包合同》所附《分包价格协议书》第十一条约定，大型机械由原告提供，由被告租赁后在该工程中使用。

鉴定意见：大型机械租赁费为 5000000.00 元，含操作、管理、维修、维护、燃料等费用，此部分费用应从总造价中扣除。

以上确定性意见工程造价共计 49732058.90 元，详见表 1-1。

表 1-1　鉴定意见工程造价汇总表

序号	工程费用名称		金额（元）	备注
1	确定性意见	单体 45 个子项、子项外零星签证工程	46931846.80	—
		滑模工程	5365769.76	—
		钢结构工程	2434442.34	—
		大型机械租赁费	−5000000.00	含操作、管理、维修、维护、燃料费用
		合计	49732058.90	—
2	推断性意见	滑模施工混凝土搅拌、运输费用	706504.56	
		生料均化库仓筒及倒锥体补贴费用	200000.00	
		劳务人员差旅费用	1879200.00	
3	选择性意见	人工费、机械费人工调差增加费用　调增部分计取管理费	25533163.14	
		人工费、机械费人工调差增加费用　调增部分不计取管理费	22202750.56	
		大型机械的操作、管理、维修、维护、燃料费用		暂未发表鉴定意见
		供应外单位灌浆混凝土搅拌、运输费用		
		钢结构卸货、改包装、现场二次搬运费用		
		砂石料补助费用		
		供应某滑模公司混凝土搅拌、运输费用		

（2）推断性意见。

提交的证据资料不够充分，双方当事人未达成一致意见，结合项目情况具备一定的事实基础，列入推断性意见，请法院根据证据提交及庭审实际情况参照鉴定意见确定。

① 滑模施工混凝土搅拌、运输费用。

被告二主张此部分费用应计入结算；原告未予认可。

鉴定意见：工程造价为706504.56元。当事人提供了混凝土记录和搅拌站混凝土汇总表，申请单的数量与汇总表数量差距较大，鉴定意见依据图纸和工作联系单计算滑模混凝土工程量，按照双方当事人认可的搅拌、运输混凝土单价计算，列入推断性意见。

② 生料均化库仓筒及倒锥体补贴费用。

被告二主张依据施工协议将此部分费用计入结算；原告未予认可。

鉴定意见：工程造价为200000.00元。当事人提交的证据资料中，生料均化库筒仓内两层平台及倒锥体施工协议，有三方人员签字但未加盖公章，鉴定意见按协议金额列入推断性意见。

③ 劳务人员差旅费用。

被告二主张依据约定按交通费票据和相关人员数量计入结算；原告未予认可。

鉴定意见：工程造价为1879200.00元。双方当事人《劳务分包合同》中第8.12条对劳务人员差旅费用进行了约定，鉴定意见对提交的证据资料进行核算后列入推断性意见。

（3）选择性意见。

双方当事人对人工费调整文件的执行，租赁机械的操作、维修、维护费用，供应外单位灌浆混凝土费用，钢结构卸货、改包装、现场二次搬运费用，砂石料补助费用未达成一致意见。鉴定意见根据证据资料提交情况及有关文件规定，分别列入选择性意见，请法院根据证据提交及庭审实际情况参照鉴定意见确定。

① 人工费、机械费人工调差增加费用。

被告二主张依据施工期间某市建设委员会发布的相关调整人工单价的文件执行，并按合同约定取费计入结算；原告主张不调整施工期间人工费用，采用合同约定的定额人工费进行结算。

鉴定意见：

人工费、机械费人工调增部分计取15%管理费的工程造价为25533163.14元。

人工费、机械费人工调增部分不计取15%管理费的工程造价为22202750.56元。

双方当事人《分包价格协议书》约定，按照《全统建筑定额某地区参考单价》（2004）定额结算，并约定了人工、机械调整和取费等内容。依据《关于调整某地区建设工程定额人工费单价的通知》，以及施工期间某建设委员会发布的各季度建设工程定额市场人工单价信息的通知文件，结合案涉各单位工程已提交证据资料，实际施工期间，区分人工费、机械费人工调整部分是否计取合同约定的15%管理费，列入选择性意见，请法院根据证据提交及庭审实际情况参照鉴定意见确定。

② 大型机械的操作、管理、维修、维护、燃料费用。

被告二主张租赁机械的操作、维修、维护的费用原告实际并未承担，主张费用共计为2680000元；原告未予认可。

鉴定意见：被告二仅提供了购买700000元的柴油发票，由于无法确认该部分发票的真实性、有效性、关联性，暂未发表鉴定意见，请法院根据证据提交及庭审实际情况参照鉴定意见确定。

③ 供应外单位灌浆混凝土搅拌、运输费用。

被告二主张此部分混凝土搅拌、运输实际由自己完成，主张费用共计 39426.36 元；原告未予认可。

鉴定意见：由于被告二仅提供变更签证部分混凝土出料单，无法计算该部分工程量，暂未发表鉴定意见，请法院根据证据提交及庭审实际情况参照鉴定意见确定。

④ 钢结构卸货、改包装、现场二次搬运费用。

被告二主张按实际发生费用计入结算，主张费用共计 465000 元；原告未予认可。

鉴定意见：钢结构工程常规制作、安装费用已考虑在定额中，因现场改装、二次加工、组装等证据资料无法计算，暂未发表鉴定意见，请法院根据证据提交及庭审实际情况参照鉴定意见确定。

⑤ 砂石料补助费用。

被告二主张原告承诺砂石料费用补助，主张费用共计 2070793.80 元；原告未予认可。

鉴定意见：未见相关证据资料，无法计算，暂未发表鉴定意见，请法院根据证据提交及庭审实际情况参照鉴定意见确定。

⑥ 供应某滑模公司混凝土搅拌、运输费用。

被告二主张向某滑模公司供应混凝土，搅拌、运输 7316m^3，费用共计 900960 元；原告未予认可。

鉴定意见：被告仅提供了搅拌站混凝土汇总表，未见相关证据资料，无法计算，暂未发表鉴定意见，请法院根据证据提交及庭审实际情况参照鉴定意见确定。

(三) 案件当事人对工程造价司法鉴定意见的异议问题

鉴定意见书（征求意见稿）出具后，双方当事人先后就有关问题提出异议，主要异议及回复情况如下。

1. 原告异议问题

（1）确定性意见。

① 关于单体 45 个子项、子项外零星签证工程量、定额套用问题。

鉴定意见书依据双方当事人认可的纸质版、电子版结算书计入。如有不同，补充相关资料经庭审质证后，根据核实情况另行调整。

② 关于滑膜工程施工范围及工程量问题。

鉴定意见书依据双方当事人认可的纸质版、电子版结算书计入。如有不同，补充相关资料经庭审质证后，根据核实情况另行调整。

③ 关于钢结构工程量和计价方法问题。

钢结构工程量是按照会议纪要确定的施工范围计算的，依据《劳务分包合同》约定计价办法计取。如有不同，补充相关资料经庭审质证后，根据核实情况另行调整。

(2) 推断性意见。

① 关于滑模施工混凝土搅拌、运输费用问题。

鉴定意见书依据混凝土出库单和大型机械租赁情况，暂按滑膜混凝土工程量计算混凝土的搅拌和运输费用，列入推断性意见，请法院根据庭审情况确定。如有不同，补充相关资料经庭审质证后，根据核实情况另行调整。

② 关于生料均化库仓筒及倒锥体补贴费用问题。

鉴定意见书暂按相关协议计入推断性意见，请法院根据庭审情况确定。如有不同，提交相关补证资料，核实后可另行调整。

③ 关于差旅费用问题。

鉴定意见书依据《劳务分包合同》约定的某市到某市的火车费用、某市到工地的大巴车费用计入推断性意见，请法院根据庭审情况确定。如有不同，提交相关补证资料，核实后可另行调整。

(3) 选择性意见。

关于人工费调整问题。

依据《关于调整某地区建设工程定额人工费单价的通知》中注明，人工费系数是在现行各工程定额人工费基础上，按照附件所列调整系数进行调整的，本鉴定考虑为定额人工费的补充。

2. 被告异议问题

(1) 关于人工费调整问题。

鉴定意见书根据《关于调整某地区建设工程定额人工费单价的通知》进行人工费调整，并将调整后的人工费计入选择性意见。

(2) 关于大型机械租赁费问题。

鉴定意见书依据《劳务分包合同》约定，扣除大型机械租赁费500万元计入确定性意见。其中包含的大型机械操作、管理、维修、维护、燃料等费用，因无法确定证据资料的真实性、关联性、有效性，列入选择性意见，请法院根据庭审情况确定。

(3) 关于取费问题。

鉴定意见书依据《劳务分包合同》约定的取费办法计取。

(4) 关于材料价格调整问题。

合同内材料价格依据《劳务分包合同》约定的相关条款进行调整。未见双方当事人认可的其他材料价格调整资料，木材、模板及消耗材料均按定额的1.25倍计入，如双方当事人对红砖价格确认一致，可另行调整。

(5) 滑膜混凝土搅拌、运输费用问题。

因提交的证据资料中混凝土申请单和汇总表中工程量差异较大，鉴定意见书依据现有证据资料，核算滑模混凝土工程量后列入推断性意见。

(6) 关于差旅费用问题。

因提交的证据资料不太清楚，鉴定意见书对其核算后列入推断性意见，请法院根据庭审情况确定。

(7) 关于选择性意见未发表意见问题。

因根据提交的证据资料无法核算相应工程造价，暂未发表鉴定意见。如有不同，进一步提交相关补证资料，核实后可另行调整。

四、出庭作证情况

根据法院通知的规定时间，鉴定机构安排造价鉴定专业人员就案涉工程出庭作证。根据庭审安排，法庭调查与法庭辩论一并进行。庭审结合本案焦点问题进行，一是人工费调整；二是结算取费办法；三是钢结构工程量和费用的计取办法。

双方当事人先后进行答辩并对鉴定意见书发表意见，鉴定机构就人工费计取、取费办法等难点问题逐项进行了答复。庭审质证结束，鉴定机构与双方当事人出庭人员对庭审笔录进行签字确认。

五、心得体会

近年来，我国建筑业企业的生产和经营规模不断扩大，建筑业总产值持续增长，伴随而来的工程造价纠纷也持续高发，案件数量多、案涉金额高、处理难度大。建设工程施工合同纠纷90%以上与工程造价相关，具有专业技术性强、牵涉主体多、法律关系复杂、争议焦点繁杂等特点。

(一) 明确鉴定思路，避免激化矛盾

鉴定人在造价鉴定工作中应充分了解各方当事人的利益诉求，尊重当事人合同约定和已经达成的共识，造价鉴定工作应围绕双方争议的焦点展开。应重视双方当事人对争议点的理解，根据现有证据资料，分析争议产生的原因，为鉴定报告书的出具提供意见选择。

工程造价不同于一般商品定价，既有其科学属性，也有其社会属性。科学属性主要体现在工程量计算方面；社会属性则体现在计价工作中。造价鉴定是一个技术和经济相结合的过程，实体法和程序法相融合，鉴定人应避免以技术经济专家自居，无视各方当事人的诉求，导致鉴定结果超出案件的争议范围，激化矛盾。

(二) 收集相关资料，力争资料完整有效

鉴定人应全面了解鉴定项目，对鉴定资料进行认真研究，鉴定资料是计算工程量、确定工程造价的基础。鉴定机构应当以委托人转交的经双方当事人质证的证据材料为基础，按要求展开鉴定工作。由于原被告双方对证据材料的理解认识不同，容易产生争议，鉴定人应审慎处理，充分分析，对证据不足以支撑确定造价的部分要谨慎发表推断、选择性意见，同时注明双方当事人的争议点和发表鉴定意见的原因分析。经质证认可一致的鉴定资

料是双方当事人真实意思的表现，据以出具的鉴定意见容易被当事人接受。

因涉外地域性限制无法现场勘验时，鉴定人应积极收集项目合同约定所在地的政策资料、交易习惯、市场价格情况，如政府或相关机构发布的人工费文件、材料价格信息等，调查了解当地类似项目造价的确定办法，并从专业角度提出建议或者解决方案，体现鉴定人员的专业性。

（三）注意鉴定程序，关注重点难点

鉴定工作要重视司法鉴定工作程序，以专业知识和鉴定程序相结合，避免程序瑕疵或错误。鉴定人应依据《建设工程造价鉴定规范》(GB/T 51262—2017)、河北省高级人民法院《建设工程施工合同案件审理指南》《关于规范委托鉴定工作的意见（试行）》等规定，对案涉工程进行鉴定。在实际鉴定工作中，由于工程造价的专业性，鉴定人要充分考虑项目的实际情况，除了深刻了解双方当事人的争议焦点，还应加强与法官的沟通，了解法官对案涉工程审判方向的把握和对关切问题的理解，利用专业技术知识解释提前解决法官疑惑，便于重点、难点问题的解决。

（四）重点争议问题，客观认真核实

鉴定人应积极面对争议问题，对双方当事人提出争议的合理分析，有助于鉴定人了解争议点，对争议问题逐条认真核实并及时回复，必要时可组织听证核对。该项目双方当事人对鉴定意见书（征求意见稿）的工程量、定额套用、人材机计取办法等提出了不同的意见，鉴定人员依据证据资料和相关政策法规进行了客观、详细的回复。

（五）熟悉政策文件，了解水平差异

案涉工程为涉外项目，合同约定的计价标准为国内某地定额，但未约定调整文件；人工费、机械费约定了计算倍数，但对计取基数的理解存在异议；其他费用未明确约定，仅明确按人工费、机械费的15%取管理费用。双方当事人对人工费、其他取费争议较大。因合同约定劳务人员调遣和部分材料运输均从国内至项目所在地，国内外劳务价格水平存在较大差异。经理论测算，如仅按合同约定的人工费倍数计算，不考虑文件调整，人工费水平与国内按定额和文件调整后一致，与国外劳务价格水平不符，可以推断《劳务分包合同》中约定的人工费倍数本意应以定额＋政策性调整为基数计算。通过国内外价格水平比较结合合同约定条款测算，为鉴定意见的出具和庭审采信提供专业技术依据。

2. 某花园小区一期项目工程造价司法鉴定

——河北汉丰造价师事务所有限公司

张培霞 孙青 李国瑞 赵娟 王树艳

一、案情简介

本案原告为某建工集团有限责任公司，被告为某房地产开发有限公司。

2011年7月18日，被告就某花园小区一期项目进行了招标，原告中标后，于2011年8月24日与被告签订了该项目建设工程施工合同。该项目招标前后原被告双方签订了多份合同和补充协议。项目施工完成后，原被告双方对工程结算价款存在争议，原告以被告拖欠工程款为由诉至法院。

二、案件争议焦点和造价鉴定难点

（一）案件争议焦点

该项目原被告双方签订了多份合同和补充协议，其中涉及工程造价的合同和补充协议有四份，分别为2010年10月27日签订的《某花园项目施工总承包合同补充协议》、2011年8月24日签订的《某花园小区一期工程〈河北省建设工程施工合同〉》（备案合同）、2012年5月17日签订的《某花园项目一期施工总承包合同补充协议》和2012年11月25日签订的《某花园小区一期3、4、40#楼及地下车库工程〈河北省建设工程施工合同〉》（补充备案合同）。2012年5月17日签订的《某花园项目一期施工总承包合同补充协议》中包括12个附件，其中仅附件2和附件9涉及合同价款调整。原被告双方对上述合同或补充协议，以及附件2和附件9的法律效力和计价方法存在争议。

（二）造价鉴定难点

本案的鉴定难点主要表现在本案的争议焦点上，即本案出现多份合同和补充协议，且存在一份合同（补充协议）中出现不同的计价依据、不同的取费标准、不同的人工价款和材料价款调整方法的情况。法院在委托鉴定前没有明确适用的合同（补充协议）和适用的合同条款，因此，鉴定时如何根据不同合同（补充协议）和不同合同条款形成鉴定意见是本案鉴定的难点。

三、鉴定情况

（一）司法鉴定委托人提供鉴定材料的内容

（1）鉴定委托书、司法鉴定申请书；
（2）庭审笔录、质证笔录、询问笔录；
（3）招标文件和投标文件；
（4）施工合同、补充协议、专业分包合同；
（5）施工图纸（包括纸质版图纸和电子版图纸）；
（6）变更签证、工程洽商以及材料认价单；
（7）原被告双方已确定或未确定的工程结算资料；
（8）其他材料。

（二）工程造价司法鉴定情况

1. 鉴定过程

（1）2017年8月16日，法院出具了"某建工集团有限责任公司与某房地产开发有限公司建设工程合同纠纷案"所涉及工程造价鉴定委托书；

（2）2017年8月18日，鉴定机构向法院提供了鉴定方案、鉴定人员组成通知书以及鉴定所需材料函；

（3）2017年12月14日，法院提供了鉴定材料。同时法院组织本案双方当事人对鉴定范围进行了确认，出具了询问笔录；

（4）2018年3月28日、29日，法院组织鉴定机构和原被告双方对纠纷项目进行了现场勘验，出具了现场勘验笔录，原告未在现场勘验笔录上签字，但就现场勘验笔录向法院提交了相关意见。

（5）2018年4月12日，法院转来了原被告双方的补充鉴定材料；

（6）2018年6月15日，法院再次补充提供了相关鉴定材料；

（7）2018年6月20日，鉴定机构出具了《某花园一期项目工程造价鉴定意见书》（征求意见稿）；

（8）2018年11月1日，鉴定机构收到法院转来的原告"《某花园一期项目工程造价鉴定意见书》（征求意见稿）回复意见"；

（9）2018年11月5日，鉴定机构收到法院转来的被告"《某花园一期项目工程造价鉴定意见书》（征求意见稿）反馈意见"；

（10）2018年11月22日，鉴定机构出具了"关于《某花园一期项目工程造价鉴定意见书》（征求意见稿）异议的答复"；

（11）2018年12月12日，鉴定人员参加了本案庭审。对双方当事人针对《某花园一期项目工程造价鉴定意见书》（征求意见稿）的异议回复进行了说明；

（12）2018年12月18日，鉴定机构出具了《某花园一期项目工程造价鉴定意见书》正稿；

（13）2019年4月2日，鉴定人员再次参加了本案庭审，庭审中对部分索赔费用的计算情况进行了说明。

2. 鉴定依据

（1）鉴定委托书；

（2）2017年12月14日询问笔录；

（3）委托方提供的原被告双方质证材料；

（4）《全国统一建筑工程基础定额河北省消耗量定额》（HEBGYD-A—2008）、《全国统一建筑装饰装修工程消耗量定额河北省消耗量定额》（HEBGYD-B—2008）、《河北省房屋修缮工程消耗量定额　土建分册》（HEBGYD-G01—2009）、《河北省房屋修缮工程消耗量定额　安装分册》（HEBGYD-G02—2009）、《全国统一安装工程预算定额河北省消耗量定额》（HEBGYD-C—2008）及相关费用文件；

（5）现场勘验笔录；

（6）某市造价管理与信息、河北工程建设造价信息、北京建设工程造价信息等；

（7）河北省住房和城乡建设厅、河北省发展和改革委员会颁发的《关于调整现行建设工程计价依据中综合用工单价的通知》；

（8）其他相关材料。

3. 鉴定方法

（1）不同合同（补充协议）条件的鉴定方法。

① 对不同施工合同（补充协议）进行初步分析，见表2-1。

表2-1　合同文件（补充协议）合同价款调整情况分析

序号	合同（补充协议）名称	签订日期	合同价款调整约定情况
1	《某花园项目施工总承包合同补充协议》	2010年10月27日	合同价款调整方法约定明确
2	《某花园小区一期工程〈河北省建设工程施工合同〉》（备案合同）	2011年8月24日	（原被告双方均不认可该合同结算方式）
3	《某花园项目一期施工总承包合同补充协议》	2012年5月17日	该合同补充协议包含协议书、通用条款、专用条款和12个附件，其中12个附件中仅附件2和附件9有明确的合同价款调整方法，但前后条款或附件约定不一致

续表

序号	合同（补充协议）名称	签订日期	合同价款调整约定情况
4	《某花园小区一期3、4、40♯楼及地下车库工程〈河北省建设工程施工合同〉》（补充备案合同）	2012年11月25日	（原被告双方均不认可该合同结算方式）
5	《某花园小区一期工程〈河北省建设工程施工合同〉补充协议》	2012年12月17日	无合同价款调整约定
6	《某花园项目一期施工总承包工程合同A、B类节点补充协议》	2013年3月18日	无合同价款调整约定
7	《某花园小区一期工程〈河北省建设工程施工合同〉关于合同暂估总价的补充协议》	2014年7月30日	仅约定了合同暂估价变更为2.87亿元，作为支付工程款的依据，无结算价款调整约定
8	《某花园小区一期小市政工程暂估总价补充协议》	无签订日期	合同约定参考《某花园项目一期施工总承包合同补充协议》中的计价原则进行报价

通过表2-1分析可知：

a.2010年10月27日签订的《某花园项目施工总承包合同补充协议》，约定了合同价款的调整方法，可出具鉴定意见；

b.2011年8月24日签订《某花园小区一期工程〈河北省建设工程施工合同〉》（备案合同），以及2012年11月25日签订《某花园小区一期3、4、40♯楼及地下车库工程〈河北省建设工程施工合同〉》（补充备案合同），原被告双方均不认可该合同的结算方式，因此不需要出具鉴定意见；

c.2012年5月17日签订的《某花园项目一期施工总承包合同补充协议》，约定了合同价款的调整方法，可出具鉴定意见；

d.2012年12月17日签订的《某花园小区一期工程〈河北省建设工程施工合同〉补充协议》，以及2013年签订的《某花园项目一期施工总承包工程合同A、B类节点补充协议》，无合同价款调整约定，无法出具鉴定意见；

e.2014年7月30日签订的《某花园小区一期工程〈河北省建设工程施工合同〉关于合同暂估总价的补充协议》，约定了合同暂估价为2.87亿元作为支付工程款的依据，无结算价款调整约定，无法出具鉴定意见；

f.《某花园小区一期小市政工程暂估总价补充协议》（无签订日期），约定参考《某花园项目一期施工总承包合同补充协议》中计价原则进行报价，无结算价款调整约定，无法出具鉴定意见。

② 进一步分析，2012年5月17日签订的《某花园项目一期施工总承包合同补充协议》，包含协议书、通用条款、专用条款和12个附件，其中12个附件中仅附件2和附件9

涉及工程价款调整。该补充协议分析见表2-2。

表2-2 2012年5月17日签订的补充协议计价方法分析

协议书内容	计价依据	取费标准	人工费调整	材料调整
协议书	河北省2008年定额	河北省2008年定额配套取费标准	人工单价调整：在定额人工单价的基础上，按北京当月（2012年5月）信息平均价调整。别墅和洋房人工调差参与取费，高层和地下车库人工调差不参与取费	见专用条款
专用条款	未约定	未约定	未约定	以2012年2期某市造价信息材料价格为基期，按施工各期某市造价信息材料价格算术平均值调差，±3%以内不调整；±3%以上时，差异部分予以调整。某市没有的价格优先选用河北省造价信息，其次是周边地区造价信息
附件2	河北省2008年定额	河北省2008年定额配套取费标准	人工费按河北省住房和城乡建设厅颁发的《关于调整现行建设工程计价依据中综合用工单价的通知》调整	未约定
附件9	（1）计价执行河北省2008年定额；（2）别墅和洋房的模板定额单价乘以系数2.5；（3）高层和地下车库模板定额单价乘以系数1.2	附件9单独约定了费率数值	人工费调整：（1）地库和高层为土建85元/工日、土石方85元/工日、装饰97元/工日、安装70元/工日；（2）别墅和洋房为土建86元/工日、土石方86元/工日、装饰102.5元/工日、安装70元/工日；（3）别墅和洋房人工调差参与取费；高层和地下车库人工调差不参与取费	材料价格按照某市2012年当期（2012年5月）造价信息调整，如该市造价信息不含，可参照同期北京市造价信息

通过表 2-2 分析可知：2012 年 5 月 17 日签订的补充协议中，约定人工费和材料费据实调整，该补充协议中的协议书、专用条款、附件 2 和附件 9 所约定的"计价依据""人工费调整""取费标准""材料调整"相互之间不一致。

a. 单独依据协议书、专用条款和附件 2 均不能出具鉴定意见；

b. 单独依据附件 9 可以出具鉴定意见；

c. 依据协议书和专用条款可以出具鉴定意见；

d. 依据附件 2 和专用条款可以出具鉴定意见；

e. 其他组合，均会出现"计价依据""人工费调整""取费标准""材料调整"相互之间不一致，不能出具鉴定意见。

③ 综上分析，本案司法鉴定可出具四种鉴定意见，供法院判断使用。

a. 依据原被告双方 2010 年 10 月 27 日签订的《某花园项目施工总承包合同补充协议》计算出具的鉴定意见；

b. 依据原被告双方 2012 年 5 月 17 日签订的《某花园项目一期施工总承包合同补充协议》中协议书和专用条款计算出具的鉴定意见；

c. 依据原被告双方 2012 年 5 月 17 日签订的《某花园项目一期施工总承包合同补充协议》中专用条款和附件 2 计算出具的鉴定意见；

d. 依据原被告双方 2012 年 5 月 17 日签订的《某花园项目一期施工总承包合同补充协议》中附件 9 计算出具的鉴定意见。

（2）争议事项鉴定方法。

根据争议内容和证据材料情况，分四种情况出具鉴定意见。鉴定意见包括确定性意见、选择性意见、推断性意见和其他鉴定意见。

第一，证据材料欠缺的鉴定。对部分证据材料欠缺，但事实存在的项目，鉴定时说明了情况并做出了推断性意见。

第二，现场勘验时，受勘验条件所限，对 39♯楼、40♯楼、43♯楼、44♯楼抹灰厚度的测定，不能按照均衡抽取测量点的原则进行测量，仅对能够测量的房间进行了测量，原告因此不认可该项勘验记录。鉴定时将具有均衡性的工程测量数据作为可确定内容的证据使用；将不具有均衡性的工程测量数据作为争议内容证据使用。

第三，对证据材料欠缺，无法做出推断性意见，且法院要求单独列示的事项，鉴定意见中说明了情况，列为其他鉴定意见。

具体鉴定方法详见下述"鉴定意见"中的分析说明。

4. 鉴定意见

（1）依据原被告双方 2010 年 10 月 27 日签订的《某花园项目施工总承包合同补充协议》计算，鉴定意见如下。

① 确定性意见。

可确定部分工程造价为 234133211.55 元。

② 选择性意见。

a. 施工用水扣除费用。

被告提供了证据材料《某公司水费说明》，原告不认可被告提供的《某公司水费说明》。被告主张按《某公司水费说明》扣除施工用水费用，原告认为现场原为化工厂，地下水污染严重，且《某公司水费说明》没有己方签字认可，"水费我方不承担"。

依据原告意见，该项费用为0元；依据被告意见，该项费用为－348545.01元（注：确定性意见中未扣除施工用水费用）。

b. 39#楼、40#楼、43#楼、44#楼内墙及天棚抹灰工程费用。

原被告双方对是否按照施工图纸中做法进行施工存在争议。原告认为应按施工图纸进行计算，被告认为应按实际施工做法进行计算。依据原告意见计算，该项费用为3698399.55元；依据被告意见（按照现场勘验记录）计算，该项费用为2877368.37元。

c. 闷顶层装修费用。

原告认为闷顶层室内装修已施工（现场勘验已施工），应计算该项费用；被告认为闷顶层室内装修按照2014年4月24日的《某房地产开发有限公司某花园项目关于预算答疑会议纪要》第4条回复"高层闷顶加以利用，无装修做法"，不需要装修，原告为自行施工，不应计取该项费用。

依据原告意见计算，该项费用为194105.29元；依据被告意见计算，该项费用为0元。

d. 工程现场签证单-073号所涉及的费用。

该签证单为阀门、卫生洁具、污水提升泵等设备价格签证，勘验现场时发现该签证单内容实际上并未施工安装。原告认为该部分设备已采购进场，被告因价高拒绝安装，应支付采购费用。被告认为该项未施工，且该部分设备被告未接收，不应计算该项费用，包括设备采购费用。

依据原告意见计算，该项费用为12634.91元；依据被告意见计算，该项费用为0元。

③ 推断性意见。

a. 降水工程费用。

依据监理例会纪要，降水工程事实存在，但降水工程证据材料欠缺，依据被告提供的材料和常规做法计算，该项费用为123267.69元。

b. 楼面增加钢丝网费用。

建筑设计总说明第十条第一款指出，楼面垫层采用细石混凝土，为防止开裂应铺一层$\Phi 6mm$钢筋网。因图纸上无钢筋间距布置说明，按一般做法计算（间距250mm×250mm），该项费用为507894.46元。

④ 其他鉴定意见。

工程现场签证单-095号所涉及的费用。该签证单有施工单位、监理单位和建设单位签字，但签证单上说明"现场确有丢失情况，请造采部核实工作量"，证据材料中未见核实情况，依据签证单（不考虑丢失情况）计算，该项费用为83228.35元。

(2) 依据原被告双方 2012 年 5 月 17 日签订的《某花园项目一期施工总承包合同补充协议》中协议书和专用条款计算，鉴定意见如下。

① 确定性意见。

可确定部分工程造价为 284180238.22 元。

② 选择性意见。

a. 施工用水扣除费用。

被告提供了证据材料《某公司水费说明》，原告不认可被告提供的《某公司水费说明》。被告主张按《某公司水费说明》扣除施工用水费用，原告认为现场原为化工厂，地下水污染严重，且《某公司水费说明》没有己方签字认可，"水费我方不承担"。

依据原告意见，该项费用为 0 元；依据被告意见，该项费用为 -348545.01 元（注：确定性意见中未扣除施工用水费用）。

b. 39♯楼、40♯楼、43♯楼、44♯楼内墙及天棚抹灰工程费用。

原被告双方对是否按照施工图纸中做法进行施工存在争议。原告认为应按施工图纸进行计算，被告认为应按实际施工做法进行计算。依据原告意见计算，该项费用为 4821456.65 元；依据被告意见（按照现场勘验记录）计算，该项费用为 3870772.13 元。

c. 闷顶层装修费用。

原告认为闷顶层室内装修已施工（现场勘验已施工），应计算该项费用；被告认为闷顶层室内装修按照 2014 年 4 月 24 日的《某房地产开发有限公司某花园项目关于预算答疑会议纪要》第 4 条回复"高层闷顶加以利用，无装修做法"，不需要装修，原告为自行施工，不应计取该项费用。

依据原告意见计算，该项费用为 242229.30 元；依据被告意见计算，该项费用为 0 元。

d. 工程现场签证单-073 号所涉及的费用。

该签证单为阀门、卫生洁具、污水提升泵等设备价格签证，勘验现场时发现该签证单内容实际上并未施工安装。原告认为该部分设备已采购进场，被告因价高拒绝安装，应支付采购费用。被告认为该项未施工，且该部分设备被告未接收，不应计算该项费用，包括设备采购费用。

依据原告意见计算，该项费用为 12634.91 元；依据被告意见计算，该项费用为 0 元。

③ 推断性意见。

a. 降水工程费用。

依据监理例会纪要，降水工程事实存在，但降水工程证据材料欠缺，依据被告提供的材料和常规做法计算，该项费用为 167269.45 元。

b. 楼面增加钢丝网费用。

建筑设计总说明第十条第一款指出，楼面垫层采用细石混凝土，为防止开裂应铺一层 $\Phi 6mm$ 钢筋网。因图纸上无钢筋间距布置说明，按一般做法计算（间距 250mm×250mm），该项费用为 564980.04 元。

④ 其他鉴定意见。

a. 总承包服务费。

原被告双方 2012 年 5 月 17 日签订的《某花园项目一期施工总承包合同补充协议》中第 42 页专用条款第三条第二款指出，工程承包范围表显示总承包服务费的计取依据为实际完成工程造价。在第 57 页合同附件的附件 2 第 3.4.1 条约定，甲方独立分包工程按照分包合同价款计取总承包管理服务费；第 3.4.2 条约定，甲方指定分包工程按照分包合同价款计取总承包管理服务费。

若以实际完成工程造价作为计取总承包服务费的基数，因缺少分包工程的结算价款材料，不能计算总承包服务费金额。若以分包工程的合同价款作为计取总承包服务费的基数，总承包服务费为 1150942.65 元。

b. 工程现场签证单-095 号所涉及的费用。

该签证单有施工单位、监理单位和建设单位签字，但签证单上说明"现场确有丢失情况，请造采部核实工作量"，证据材料中未见核实情况，依据签证单（不考虑丢失情况）计算，该项费用为 89120.10 元。

(3) 依据原被告双方 2012 年 5 月 17 日签订的《某花园项目一期施工总承包合同补充协议》中专用条款和附件 2 计算，鉴定意见如下。

① 确定性意见。

可确定部分工程造价为 235071397.24 元。

② 选择性意见。

a. 施工用水扣除费用。

被告提供了证据材料《某公司水费说明》，原告不认可被告提供的《某公司水费说明》。被告主张按《某公司水费说明》扣除施工用水费用，原告认为现场原为化工厂，地下水污染严重，且《某公司水费说明》没有己方签字认可，"水费我方不承担"。

依据原告意见，该项费用为 0 元；依据被告意见，该项费用为 －348545.01 元（注：确定性意见中未扣除施工用水费用）。

b. 39♯楼、40♯楼、43♯楼、44♯楼内墙及天棚抹灰工程费用。

原被告双方对是否按照施工图纸中做法进行施工存在争议。原告认为应按施工图纸进行计算，被告认为应按实际施工做法进行计算。依据原告意见计算，该项费用为 3724643.23 元；依据被告意见（按照现场勘验记录）计算，该项费用为 2897669.75 元。

c. 闷顶层装修费用。

原告认为闷顶层室内装修已施工（现场勘验已施工），应计算该项费用；被告认为闷顶层室内装修按照 2014 年 4 月 24 日的《某房地产开发有限公司某花园项目关于预算答疑会议纪要》第 4 条回复"高层闷顶加以利用，无装修做法"，不需要装修，原告为自行施工，不应计取该项费用。

依据原告意见计算，该项费用为 196252.47 元；依据被告意见计算，该项费用为 0 元。

d. 工程现场签证单-073 号所涉及的费用。

该签证单为阀门、卫生洁具、污水提升泵等设备价格签证，勘验现场时发现该签证单内容实际上并未施工安装。原告认为该部分设备已采购进场，被告因价高拒绝安装，应支付采购费用。被告认为该项未施工，且该部分设备被告未接收，不应计算该项费用，包括设备采购费用。

依据原告意见计算，该项费用为 12634.91 元；依据被告意见计算，该项费用为 0 元。

③ 推断性意见。

a. 降水工程费用。

依据监理例会纪要，降水工程事实存在，但降水工程证据材料欠缺，依据被告提供的材料和常规做法计算，该项费用为 124537.62 元。

b. 楼面增加钢丝网费用。

建筑设计总说明第十条第一款，楼面垫层采用细石混凝土，为防止开裂应铺一层 Φ6mm 钢筋网。因图纸上无钢筋间距布置说明，按一般做法计算（间距 250mm×250mm），该项费用为 509401.92 元。

④ 其他鉴定意见。

a. 总承包服务费。

原被告双方 2012 年 5 月 17 日签订的《某花园项目一期施工总承包合同补充协议》中第 42 页专用条款第三条第二款指出，工程承包范围表显示总承包服务费的计取依据为实际完成工程造价。在第 57 页合同附件的附件 2 第 3.4.1 条约定，甲方独立分包工程按照分包合同价款计取总承包管理服务费；第 3.4.2 条约定，甲方指定分包工程按照分包合同价款计取总承包管理服务费。

若以实际完成工程造价作为计取总承包服务费的基数，因缺少分包工程的结算价款材料，不能计算总承包服务费金额。若以分包工程的合同价款作为计取总承包服务费的基数，总承包服务费为 1150942.65 元。

b. 工程现场签证单-095 号所涉及的费用。

该签证单有施工单位、监理单位和建设单位签字，但签证单上说明"现场确有丢失情况，请造采部核实工作量"，证据材料中未见核实情况，依据签证单（不考虑丢失情况）计算，该项费用为 85978.89 元。

(4) 依据原被告双方 2012 年 5 月 17 日签订的《某花园项目一期施工总承包合同补充协议》中附件 9 计算，鉴定意见如下。

① 确定性意见。

可确定部分工程造价为 291609026.30 元。

② 选择性意见。

a. 施工用水扣除费用。

被告提供了证据材料《某公司水费说明》，原告不认可被告提供的《某公司水费说明》。被告主张按《某公司水费说明》扣除施工用水费用，原告认为现场原为化工厂，地下水污染严重，且《某公司水费说明》没有己方签字认可，"水费我方不承担"。

依据原告意见，该项费用为0元；依据被告意见，该项费用为－348545.01元（注：确定性意见中未扣除施工用水费用）。

b. 39♯楼、40♯楼、43♯楼、44♯楼内墙及天棚抹灰工程费用。

原被告双方对是否按照施工图纸上做法进行施工存在争议。原告认为应按施工图纸进行计算，被告认为应按实际施工做法进行计算。依据原告意见计算，该项费用为5109028.63元；依据被告意见（按照现场勘验记录）计算，该项费用为4153616.32元。

c. 闷顶层装修费用。

原告认为闷顶层室内装修已施工（现场勘验已施工），应计算该项费用；被告认为闷顶层室内装修按照2014年4月24日的《某房地产开发有限公司某花园项目关于预算答疑会议纪要》第4条回复"高层闷顶加以利用，无装修做法"，不需要装修，原告为自行施工，不应计取该项费用。

依据原告意见计算，该项费用为252063.79元；依据被告意见计算，该项费用为0元。

d. 工程现场签证单-073号所涉及的费用。

该签证单为阀门、卫生洁具、污水提升泵等设备价格签证，勘验现场时发现该签证单内容实际上并未施工安装。原告认为该部分设备已采购进场，被告因价高拒绝安装，应支付采购费用。被告认为该项未施工，且该部分设备被告未接收，不应计取该项费用，包括设备采购费用。

依据原告意见计算，该项费用为12634.91元；依据被告意见计算，该项费用为0元。

③ 推断性意见。

a. 降水工程费用。

依据监理例会纪要，降水工程事实存在，但降水工程证据材料欠缺，依据被告提供的材料和常规做法计算，该项费用为164523.29元。

b. 楼面增加钢丝网费用。

建筑设计总说明第十条第一款，楼面垫层采用细石混凝土，为防止开裂应铺一层$\Phi 6mm$钢筋网。因图纸上无钢筋间距布置说明，按一般做法计算（间距250mm×250mm），该项费用为623843.23元。

④ 其他鉴定意见。

a. 总承包服务费。

原被告双方2012年5月17日签订的《某花园项目一期施工总承包合同补充协议》中第42页专用条款第三条第二款指出，工程承包范围表显示总承包服务费的计取依据为实际完成工程造价。在第57页合同附件的附件2第3.4.1条约定，甲方独立分包工程按照分包合同价款计取总承包管理服务费；第3.4.2条约定，甲方指定分包工程按照分包合同价款计取总承包管理服务费。

若以实际完成工程造价作为计取总承包服务费的基数，因缺少分包工程的结算价款材料，不能计算总承包服务费金额。若以分包工程的合同价款作为计取总承包服务费的基数,总承包服务费为1150942.65元。

b. 工程现场签证单-095号所涉及的费用。

该签证单有施工单位、监理单位和建设单位签字,但签证单上说明"现场确有丢失情况,请造采部核实工作量",证据材料中未见核实情况,依据签证单(不考虑丢失情况)计算,该项费用为87760.64元。

该鉴定意见书中"需要说明的事宜"略。

上述四种工程造价鉴定意见的汇总见表2-3。

表2-3 工程造价鉴定意见汇总表

鉴定意见			第一种情况	第二种情况	第三种情况	第四种情况
确定性意见	施工内容可确定部分		工程造价(元)			
			234133211.55	284180238.22	235071397.24	291609026.30
选择性意见	施工用水扣除费用	依据原告意见	0	0	0	0
		依据被告意见	-348545.01	-348545.01	-348545.01	-348545.01
	39#、40#、43#、44#楼内墙及天棚抹灰工程费用	依据原告意见	3698399.55	4821456.65	3724643.23	5109028.63
		依据被告意见	2877368.37	3870772.13	2897669.75	4153616.32
	闷顶层装修费用	依据原告意见	194105.29	242229.3	196252.47	252063.79
		依据被告意见	0	0	0	0
	工程现场签证单-073号所涉及费用	依据原告意见	12634.91	12634.91	12634.91	12634.91
		依据被告意见	0	0	0	0
推断性意见	降水工程费用		123267.69	167269.45	124537.62	164523.29
	楼面增加钢丝网费用		507894.46	564980.04	509401.92	623843.23
其他意见	总承包服务费		—	1150942.65	1150942.65	1150942.65
	工程现场签证单-095号所涉费用		83228.35	89120.10	85978.89	87760.64

注:第一种情况,依据原被告双方2010年10月27日签订的《某花园项目施工总承包合同补充协议》;第二种情况,依据原被告双方2012年5月17日签订的《某花园项目一期施工总承包合同补充协议》中协议书和专用条款;第三种情况,依据原被告双方2012年5月17日签订的《某花园项目一期施工总承包合同补充协议》中专用条款和附件2;第四种情况,依据原被告双方2012年5月17日签订的《某花园项目一期施工总承包合同补充协议》中附件9。

(三) 案件当事人对工程造价司法鉴定意见的异议问题

为简明表述原被告当事人对鉴定意见书提出的异议,本案例对当事人提出的问题进行了归纳整理,主要异议问题如下。

1. 原告异议问题

(1) 鉴定机构未按照申请人申请的事项进行鉴定,鉴定意见书中四种鉴定意见均不是申请人申请的范围；鉴定意见书中共有四种鉴定意见，第一、第二、第三种计价原则均不正确，第四种鉴定意见计价原则正确但鉴定范围错误。2014年7月30日签订的暂估价补充协议中约定了合同总价为2.87亿元的造价及核算方式，鉴定应在2.87亿元基础上对2014年5月28日之后的变更部分、认价材料、洽商及争议项目进行鉴定。

回复：本案鉴定是依据法院鉴定委托书进行鉴定的，为明确具体鉴定范围，2017年12月14日鉴定机构接收资料时，法院、鉴定机构和原被告双方进行了沟通，并书面出具了询问笔录，询问笔录对鉴定范围进行了说明。

2014年7月30日签订的《某花园小区一期工程〈河北省建设工程施工合同〉关于合同暂估总价的补充协议》中，第一条第六款明确该项目合同暂估价变更为287463883.90元（不含前期已完28♯～30♯、36♯～38♯楼）；第三条第四款明确说明"本合同为暂估价协议，结算方式执行原合同，最终工程总价款以双方竣工结算为准，本协议仅作为申请工程款目的使用，乙方不得以本协议作为追索工程价款的依据"。

虽然证据材料中有原被告双方签字的建设工程预算书，其显示土建部分工程造价为246159777.75元，水电安装部分为41304106.15元，合计金额为287463883.90元（不含前期已完28♯～30♯、36♯～38♯楼），同时签字页也有"认价材料、洽商、争议问题待确认后据实调整"，但并没有说明"2.87亿元"为双方最终确认的工程造价。

关于"2.87亿元"是否为该项目已确认的工程造价问题，原被告双方各自提供的结算书中，均对建设工程预算书中原告认为双方约定不能调整的部分进行了调整。如原告将建设工程预算书中43♯、44♯楼取费费率三类，调整为一类；再如，被告对建设工程预算书中的内墙及天棚抹灰进行了计价调整等。因此，"2.87亿元"不能作为该项目双方已确认的工程造价。

综上所述，本鉴定意见书根据不同合同（补充协议）条件，出具了四种鉴定意见，供法院判断使用。

（2）关于"1♯汽车坡道调整报价、降水未计价、护坡喷锚未计价、车库封堵人工降效费用"的问题。

回复：根据补充证据材料（2014年7月14日图纸会审纪要和2014年10月16日新增汽车坡道施工范围及施工内容说明），1♯汽车坡道和护坡喷锚工程，计入确定部分工程造价；降水工程根据现有证据材料，结合常规做法计算工程造价，列为推断性意见；车库封堵人工降效费用因无相关证据资料，暂未计价。

（3）关于"水暖工程中给水系统末端阀门、地下卫生间洁具已采购进场，未计价"问题。

回复：该问题为工程现场签证单-073号所涉及的费用问题，现场实际未施工，根据原被告相关证据材料，计入选择性意见。

（4）关于"水电窝工索赔未计价"的问题。

回复：根据补充证据材料，已计入可确定部分工程造价。

（5）关于"车库封堵未计价"问题。

回复：依据相关证据材料和施工图纸，已计入可确定部分工程造价。

(6) 关于"楼面增加钢丝网费用""施工用水扣除费用""闷顶层装修费用"问题。

回复：根据证据材料，已列入选择性意见。

2. 被告异议问题

（1）关于该工程结算计价依据，2010年10月27日签订的《某花园项目施工总承包合同补充协议》是双方实际履行的合同，且双方已完成某花园项目样板区施工总承包部分的结算，应以此作为该工程计价依据。即便不以2010版协议作为计价依据，在根据2012版协议进行计价时，也应以专用条款和附件2计算工程造价。鉴定机构认为，以专用条款和附件2计算的工程造价不仅更符合合同双方真实意思，也更接近本工程的真实造价，接近行业市场平均水平，符合定额作为行业指导性计价依据的中心思想，比协议书及附件9中约定的相冲突的计价规定更具合理性。不论以哪版协议作为结算计价依据，原告所提出的"2.87亿元"均不能作为结算的一部分。该"2.87亿元"仅是一个合同暂估价，最终价款应以双方按照合同约定结算所得的结算价为准。

回复：对采用哪个版本的合同（补充协议）或哪个合同（补充协议）的条款进行鉴定，鉴定机构不做取舍选择，仅在不同合同（补充协议）条件下分别发表鉴定意见，供法院判断使用。

（2）关于地面、楼地面找平层、屋面找平层、地面保护层、防水找平层、砌筑用砂浆、墙面抹灰砂浆、水泥砂浆踢脚线及各种瓦、石材黏结层使用干拌砂浆的问题。

回复：按照施工图纸上使用干拌砂浆部位计算工程造价。

（3）关于39#楼、40#楼、43#楼、44#楼内墙及天棚抹灰的问题。

回复：原被告双方对是否按照施工图纸中做法进行施工存在争议。现场勘验时，受勘验条件所限，对39#楼、40#楼、43#楼、44#楼抹灰厚度的测定不能按照均衡抽取测量点的原则进行测量，仅对能够测量的房间进行了测量，原告因此不认可该项勘验记录。鉴定时将具有均衡性的工程测量数据，作为可确定内容证据计算工程造价；将不具有均衡性的工程测量数据，作为争议内容证据计算工程造价。

（4）关于"工程洽商第12.7~第12.8条，人防层天棚抹灰现场未施工"的问题。

回复：依据2013年12月《某项目一期交工标准（工程版）》计算，人防层天棚抹灰以现场勘验结果为准。

（5）关于"扣除某花园项目样板区施工总承包工程结算汇总造价中的现场移交部分费用"的问题。

回复：上述费用属于原被告双方已经确认的某花园项目样板区施工总承包工程造价（该部分工程造价为40100059.89元），不在本次鉴定范围内，本鉴定意见书不发表鉴定意见，在鉴定意见书"需说明的事宜"中已说明。

（6）关于"地下车库的取费类别"的问题。

回复：根据不同合同（补充协议）条件，鉴定意见书中，第一种情况、第二种情况和第三种情况按二类取费计取，第四种情况按一类取费计取。

四、出庭作证情况

根据法院要求，该案鉴定机构先后两次出庭质证。

第一次出庭为 2018 年 12 月 12 日，根据庭审提出的问题，鉴定人就鉴定意见书中四种不同鉴定意见的鉴定方法和其区别进行了说明。对个别分项具体问题进行了说明，原告当庭补充了三份证据材料。

第二次出庭为 2019 年 4 月 2 日，根据原被告双方答辩的情况，此次庭审鉴定人对没有依据 2014 年 7 月 30 日签订的《某花园小区一期工程〈河北省建设工程施工合同〉关于合同暂估总价的补充协议》做出鉴定意见进行了说明。庭审中，对部分索赔费用的计算情况进行了说明。

五、心得体会

（一）开展鉴定工作前要明确鉴定范围

对复杂工程造价的司法鉴定，往往会出现委托的鉴定范围不明确或实际鉴定不能按照委托范围进行的情况。

本案例原告鉴定申请书中的鉴定说明"我方上报的该项目总结算金额为 342134312.80 元，减去双方已经确认的 287463883.00 元，以及被告已审核并在过程中已付的洽商变更 161461.95 元，剩余金额为 54508967.85 元。其中被告已经确认了工程量但未确认计价原则及金额部分 47298559.50 元，被告对其所含工程量进行了核对并签字确认，但是不认可计价原则及金额，申请对该部分的计价原则及金额进行鉴定"。从原告鉴定申请书中可知，鉴定范围仅为"被告已经确认了工程量但未确认计价原则及金额部分 47298559.50 元"所涉施工内容的工程造价。鉴定委托书中仅说明对部分项目进行鉴定。通过翻阅证据材料，发现原告认为"双方已经确认的 287463883.00 元"被告并未确认，鉴定人因此向法院提出后，法院书面出具了询问笔录，明确了该案的鉴定范围。

（二）开展鉴定工作时要全面阅读证据材料

全面了解案件证据材料情况是做好鉴定工作的前提。对于证据材料较复杂的案件，阅读鉴定材料时可分类进行阅读，根据证据材料情况，边阅读边整理，以文字或表格形式，将证据材料中的要点记录下来，便于后面鉴定分析。

本案例在鉴定过程中，根据证据材料整理出了争议事项，根据原被告双方材料整理出了争议事项原因，根据争议焦点整理出了不同合同或补充协议分析，根据原被告提出的异议整理出了原被告异议分析等，这对做好鉴定分析、确定鉴定方法有很大帮助。

（三）了解案件争议焦点，找出项目鉴定难点，确定正确的鉴定方法

鉴定时，通过原告起诉状、被告答辩状，以及庭审记录等证据材料，了解案件争议焦点、找出项目鉴定难点，有利于鉴定工作的顺利开展。鉴定工作的难点在于如何确定争议事项的鉴定方法，只有正确的鉴定方法才能出具正确的鉴定意见。案涉当事人往往会在鉴定人采用的鉴定方法上提出质疑。因此，能否运用正确的鉴定方法出具鉴定意见，直接影响鉴定意见书的质量水平。

3. 某城市综合体项目工程造价司法鉴定

——河北衡信滨海工程项目管理有限公司

郭艳军　郭　鑫　于安琪　王　岚　杨海航

一、案情简介

原告方为总包方；被告方为发包方。

2017年11月，原被告方签订了《某城市综合体项目施工总承包工程合同》，合同暂定总价款为25.02亿元，合同约定承包范围总建筑面积67万m^2，其中先行开发一期工程15.6万m^2，包括酒店、商业、别墅等，招标形式为费率招标。双方在合同中对工程建设地点、承包范围、工期、签约合同价、工程质量标准、工程款的支付方式、结算方式、违约责任等做出了具体约定。施工过程中，由于被告长期拖欠工程款，原告提起了诉讼。为确定应支付价款金额，在双方已确认的过程进度款20293.09万元的基础上，原告对存在争议部分的工程造价申请工程造价司法鉴定。

为查明案情，2022年4月27日，某市中级人民法院委托本机构，对该项目相关内容进行工程造价鉴定（根据案件的变化，2022年8月11日委托方重新出具委托书，并提交了全部鉴定资料）；2022年10月19日，委托方根据被告主张增加了委托内容，对被告提出的相关内容进行造价鉴定；2022年12月6日，委托方再次根据被告申请增加委托内容，对被告提出的新增加鉴定事项进行造价鉴定。

鉴于本案案情复杂，委托鉴定事项不断变化、工程实施中各项争议连贯性差的实际情况，鉴定机构组织具有丰富鉴定经验的鉴定人员，采取了协助审理人梳理证据、现场勘验、多次召开专家论证会、与当事人核对等方式，圆满完成了该项鉴定工作，并为该案一审即圆满解决了当事人争议（双方均未申请二审）打下了坚实的基础。

二、案件争议焦点和造价鉴定难点

（一）案件争议焦点

（1）双方施工过程形成的进度款审批结果中当事人又都提出部分异议内容的鉴定。

该项目施工过程中，双方当事人就月进度形成了进度款审批结果，并由权利人签字盖章,合同中约定工程竣工结算方式系依据竣工图及合同约定的结算方式进行结算。在诉讼中,双方就确认的进度款对应明细中的部分内容存在计量及计价争议。

(2) 双方约定按建筑面积单价包干部分,包干范围不明确,实际又仅完成部分的内容价款的确定。

该项目商业的二次结构及粗装修工程,会议纪要约定按建筑面积单价包干,其中包含的粗装修内容和做法无任何资料佐证,粗装修范围内容实际还未施工,对于已完内容的价款确定事项争议的处理。

(3) 专业分包服务费计费基数的确定。

该项目包含太阳能、外墙涂料、屋面瓦、消防、空调、一期精装、展示中心精装、电梯、人防、塔楼工程等专业工程,合同约定发包方另行委托施工,但纳入总包方范围进行管理,对于专业分包服务费费率,合同有明确的约定,但当事人均不能提供分包工程结算资料,且上述内容实施程度不同,对如何计算专业分包服务费计费基数争议的处理。

(4) 对于属安全文明施工费内容的材料费,发包方确认了材料价格是否应进行补价。

施工场地覆盖用绿网,原告提交了被告确认价格的会议纪要及材料采购发票等,但其价格过高,原告主张既然被告已认可此行为,就应按其补价,被告认为此材料属文明施工费中包括的材料费,计价标准中文明施工费已按系数计取,无论是否确认和价格高低,都不应补价的争议处理。

(5) 工程延期开工的索赔。

该项目因施工许可证办理瑕疵,原告提出费用索赔,被告对其不认可的争议处理。

(6) 对于超高支模专项论证方案的计价。

该项目19#楼为影院工程,首层层高达9m,原告施工过程中编制并通过专家审核论证的高大支模专项方案,被告以未得到其批准为由,不予计取增加费用的争议处理。

(7) 工程井点降水实际人工数量及水泵功率,与合同约定的计价标准不符的计价。

该项目降水井点使用总数量为145000套天,被告主张实际使用水泵功率为1.1KW,看护人工数量远低于定额标准,根据合同约定应按实际计算降水费用,原告主张应按合同约定的定额标准计算降水费用的争议处理。

(8) 工程审批的月进度款中未包括的应计量计价的事项。

因该工程中途停工,项目中出现许多半成品和部分完成内容工作,是否应计价、如何计价的争议处理。

(二) 造价鉴定难点

(1) 鉴定事项复杂,证据繁杂,鉴定工作需要采取超常的鉴定思路。

本案的鉴定系对常规计量计价后产生的争议个性事件的鉴定,需要在了解全案情况后,反复、单独地对争议内容进行仔细梳理,才能完成鉴定工作。因此,根据鉴定工作需要,鉴定机构安排有丰富造价鉴定经验的9名专业工程师组成鉴定小组,专门负责该项鉴定工作,由组长引领成员对合同条款、争议证据资料、相关文件,反复进行研读和梳理,在资料分类后，对每一鉴定事件安排专人负责，并在形成初步意见后集体讨论形成鉴定意见，保证了鉴定工作的完整性和准确性。

（2）主张事项的单独证据资料不能完全满足鉴定的需求。

该项目中多项索赔资料缺乏系统性和完整性，如果直接依据主张方明确的索赔证据确定鉴定金额则缺乏客观性。鉴定中为了保证鉴定结果的客观性和公平性，采用了延伸证据链的方式，对主张方提供的索赔证据进行延伸，利用质证后的其他资料，如施工组织设计、专项方案、考勤表等进行求证，使鉴定结果更加客观、公正。

（3）合同履行中的不当，造成合同约定条款无法执行。

合同约定钢筋、混凝土的材料价格，按实际采购期《某市工程造价》价格执行，但合同履行中双方未形成采购期相应数量的审批资料，造成材料差价无法按合同约定方式调整。为合法解决此问题，鉴定机构利用参加举证资料庭审质证的机会，引导双方当事人形成了妥协性意见，钢筋、混凝土的材料价格按照施工期间《某市工程造价》相应价格的算数平均价格计入，合法地解决了计价争议。

（4）当事人因诉讼策略的影响，不断变更诉讼主张和提交鉴定资料。

受诉讼策略和过程进度款审批资料的影响，当事人不断调整诉讼主张，造成鉴定工作需要不断调整。为满足鉴定的需求，鉴定机构专门安排两名鉴定人负责该项目的鉴定，保证能随时安排人员参加鉴定资料的庭审质证以及问题的协调处理。

（5）加强和委托方沟通，恰当地实现了造价鉴定为审理服务的初衷。

鉴于案涉项目鉴定事项的复杂性，在取得每批鉴定资料和质证意见后，安排有丰富造价鉴定经验且熟悉相关法律的专人进行梳理，掌握争议的实质和证据的内容，及时与委托方沟通和参加庭审质证，对属于审理方应确定的事项，及时取得审理方的确认，对属于建设工程的专业技术问题，在审理方提出疑问时，及时客观地与其沟通，实现了法律与造价的融合。

三、鉴定情况

（一）司法鉴定委托人提供鉴定材料内容

委托人提供的资料，包括司法鉴定委托书、庭审笔录、鉴定资料质证笔录、施工合同、项目设计文件、施工组织设计及专项施工方案、当事人主张鉴定事项计价明细及证据资料、过程进度款审批资料、项目原状地形图等。

（二）工程造价司法鉴定情况

1. 鉴定过程

（1）2022年4月27日，某市中级人民法院委托鉴定机构，对案涉工程有关项目进行造价鉴定。同日，鉴定机构向委托方出具了《申请提供鉴定资料的函》及《交纳鉴定费用的函》，并对拟参加鉴定的人员按回避制度，履行程序后确定项目鉴定人员。

（2）2022年5月20日，原告交纳了该案的鉴定费。

（3）2022年6月28日，鉴定机构参加由委托方组织的网络庭审质证会，双方当事人对提交的电子版鉴定资料发表了质证意见，同时鉴定机构提出需当事人将申请鉴定内容具体化，以及需补充提交相关鉴定资料等内容。

（4）2022年7月5日，原告提交《撤回部分造价鉴定申请书》。

（5）2022年7月22日，鉴定机构再次参加由委托方组织的网络庭审质证会，被告对原告提交的补充鉴定资料、《撤回部分造价鉴定申请书》发表了质证意见，原告对被告提交的《案件司法鉴定事项的意见及其说明》发表了质证意见。

（6）2022年8月2日，因双方当事人对需鉴定内容存在较大分歧，根据造价鉴定的相关规定，鉴定机构出具了《需委托人明确鉴定事项的函》。

（7）2022年8月3日，鉴定机构收到委托方《关于明确鉴定事项的函》，函中明确此次造价鉴定的内容。

（8）2022年8月11日，根据鉴定事项的调整，委托方重新出具委托函，委托鉴定机构对案涉项目工程造价现场签证（土建）、植筋工程、商业部分二层二次结构、商业花钵、别墅屋面及外墙防水、别墅EPS构件（55栋）、变更洽商（土建）、购买指定绿网费用、因停工造成费用增加、专业分包服务费、展示中心小市政管网和道路及停车场工程进行鉴定，并提供了此前收到的全部鉴定资料和庭审质证意见，鉴定工作正式开始。

（9）2022年8月29日，鉴定机构根据案件的需要拟进行现场勘验，并向委托方出具了现场勘验申请函，拟确定现场勘验时间为2022年9月6日，但由于当时疫情管控，原告无法到场，经与委托方沟通，取消此次勘验，具体勘验时间待定。

（10）2022年9月23日，鉴定机构收到了委托方转交被告提交的《关于请求对原告未施工部分进行鉴定的报告》，报告中提出了对于双方已确认的案涉工程造价20293.09万元中存在的25项内容申请造价鉴定。

（11）2022年9月30日，委托方组织了该项目的现场勘验，鉴定机构及双方当事人均参加了此次勘验工作，勘验时委托方明确要求，对被告提出的未施工及减项内容一并进行勘验核实。勘验完成后，双方当事人均对勘验结果进行签字确认，并形成了现场勘验记录。

（12）2022年10月19日，委托方委托鉴定机构对被告提出的25项造价鉴定内容涉及的双方已确认的案涉工程造价20293.09万元中需调整的金额部分进行鉴定。

（13）2022年10月21日，鉴定机构出具了《请求委托方要求当事人补充提交鉴定资料的函》及《要求被告交纳鉴定费的函》。

（14）2022年10月24日，鉴定机构收到了委托方转交被告补充的鉴定资料。

（15）2022年10月25日，被告交纳了其主张鉴定部分的鉴定费。

（16）2022年11月9日，鉴定机构收到了委托方转交原告提交的申请书及部分补充资料，申请对相应审减工程量、价款等有争议部分的工程造价进行司法鉴定。

（17）2022年11月11日，鉴定机构出具了《原告提出新申请鉴定内容需补充鉴定资料的函》。

（18）2022年12月6日，鉴定机构参加由委托方组织的网络庭审质证会，双方均对补充的鉴定资料发表了质证意见。同日，委托方委托鉴定机构对原告提出案涉工程中涉及双方已确认的案涉工程造价20293.09万元中，需调整的金额15828665.54元进行鉴定。

（19）2022年12月19日，鉴定机构再次参加委托方组织的网络庭审质证会，被告对原告提交的补充鉴定资料发表了质证意见。

（20）2023年1月5日，根据鉴定工作的需要，委托方再次组织现场勘验，鉴定机构及双方当事人均参加了此次勘验工作。勘验完成后，双方当事人均对勘验结果进行签字确认，并形成了现场勘验记录。

（21）2023年1月6日至2023年1月17日，鉴定机构对该鉴定项目进行了资料的分类、汇总，鉴定方案的制订、相应工程量的计算及计价工作，并出具了鉴定意见书（征求意见稿）。

（22）2023年2月14日，鉴定机构收到了委托方转交被告对鉴定意见书（征求意见稿）的异议。

（23）2023年2月16日，鉴定机构收到委托方转交原告对鉴定意见书（征求意见稿）的异议。

（24）2023年2月21日，按委托要求，鉴定机构组织原被告双方参加对鉴定意见书（征求意见稿）异议内容的核对会议，原被告双方均派人员参加，并最终形成了核对会议记录。

（25）2023年2月22日至2023年3月3日，鉴定机构根据双方当事人对鉴定意见书（征求意见稿）的异议和核实结果，对鉴定意见书（征求意见稿）进行修正和调整，形成了鉴定意见书正式稿。

2. 鉴定依据

（1）行为依据。

① 司法鉴定委托书；

②《最高人民法院关于审理建设工程施工合同纠纷案件适用法律问题的解释（一）》。

（2）法律法规及政策依据。

①《中华人民共和国建筑法》；

②《中华人民共和国民法典》；

③《中华人民共和国民事诉讼法》；

④《最高人民法院关于民事诉讼证据的若干规定》；

⑤《建设工程造价鉴定规范》(GB/T 51262—2017)；

⑥ 国家、省（自治区、直辖市）、市的法律法规等其他有关文件、资料。

（3）计量与计价依据。

① 当事人提交的设计文件、建设工程施工总承包合同、施工组织设计及专项施工方

案，当事人主张鉴定事项计价明细及证据资料、过程进度款审批资料、项目原状地形图等。

② 《建设工程工程量清单计价规范》(GB 50500—2013)、《全国统一建筑工程基础定额河北省消耗量定额》(HEBGYD -A—2012)、《全国统一建筑装饰装修工程消耗量定额河北省消耗量定额》(HEBGYD -B—2012)、《全国统一安装工程预算定额河北省消耗量定额》(HEBGYD -C—2012)、《全国统一市政工程预算定额河北省消耗量定额》(HEBGYD -D—2012)、《河北省建筑、安装、市政、装饰装修工程费用标准》(HEBGFB -1—2012)，《河北省园林绿化工程消耗量定额》(HEBGYD -E—2013)，合同附件一期工程费率报价表——单位工程费用汇总表中约定的相关取费费率及浮动比例；

③ 施工期间《某市工程造价》、工程材料和设备价格单；

④ 鉴定机构现场勘查形成的勘验记录；

⑤ 委托方提供的其他鉴定资料。

3. 鉴定方法

(1) 委托鉴定范围的计价原则。

① 计价标准取定原则。

根据合同相关约定，计价标准执行《建设工程工程量清单计价规范》(GB 50500—2013)，《全国统一建筑工程基础定额河北省消耗量定额》(HEBGYD -A—2012)、《全国统一建筑装饰装修工程消耗量定额河北省消耗量定额》(HEBGYD -B—2012)、《全国统一安装工程预算定额河北省消耗量定额》(HEBGYD -C—2012)、《全国统一市政工程预算定额河北省消耗量定额》(HEBGYD -D—2012)、《河北省建筑、安装、市政、装饰装修工程费用标准》(HEBGFB -1—2012)，《河北省园林绿化工程消耗量定额》(HEBGYD -E—2013) 及合同附件一期工程费率报价表——单位工程费用汇总表中约定的相关取费费率及浮动比例。

② 材料单价取定原则。

根据合同相关约定，对于钢筋、混凝土以外的材料价格，按照2017年11月《某市工程造价》相应材料价格计入，《某市工程造价》中没有的材料价格，按照鉴定机构掌握的相应市场价格计入；对于钢筋、混凝土的材料价格，由于双方当事人提供的鉴定资料均无法满足按合同约定的加权平均价格计算的要求，根据2022年12月19日质证笔录中双方的妥协意见，鉴定结果中钢筋、混凝土的材料价格，按照施工期间《某市工程造价》相应材料的算数平均价格计入。

③ 人工费标准及调整原则

根据合同相关约定，鉴定结果中人工费调整，执行某市工程建设造价管理站发布的建筑市场综合用工指导价通知，其中一类工77.11元/工日；二类工65.97元/工日；三类工52.02元/工日。

(2) 原告主张鉴定事项的鉴定意见分析。

① 植筋工程。

此项内容原告提交了计算植筋数量的图纸、二次结构工程施工方案、周工程简报、植筋检测报告。被告对图纸的真实性、合法性、关联性有异议，认为该图纸是原告自己添加绘制的，并不是施工原图，应以被告提交的图审合格的施工图为准，周工程简报为原告单方编制，需要结合施工现场形成的签证单等证据，综合认定其真实性；被告对植筋检测报告的真实性、合法性、关联性无异议，但根据图纸设计总说明的要求，二次结构钢筋应采用预留筋的方式施工，当与图纸要求的施工方式或施工工艺不符时，原告未提出设计变更或工作联系单及签证，未经被告同意擅自变更施工工艺，由此造成的费用应由原告承担，并且由原来的预留筋变更为植筋工艺后，原告不但施工更加方便，工作面较小，而且可以缩短施工工期，降低成本，故受益方是原告，不应当再向被告主张任何利益。鉴定机构通过现场勘验情况确定，确实对预留钢筋采用了植筋工艺，并据实按计价标准计算了相应植筋费用，因双方当事人对植筋工艺的采用及费用的承担存在争议，鉴定结果将此部分涉及的费用作为争议项在选择性意见中单独列示，供委托人根据审理情况及证据效力确定。

② 商业部分二层二次结构。

此项内容原告提交了商业建筑图纸、2019年8月27日会议纪要、2019年7月19日工作联系单。被告对商业建筑图纸为现场施工电子版图纸表示认可，对2019年8月27日会议纪要和2019年7月19日工作联系单的真实性、合法性、关联性无异议；对证明目的有异议，因商业部分的二层二次结构（构造柱、砌体墙、圈梁、过梁）虽已完成施工，但粗装修部分只施工完成地面垫层混凝土浇筑部分，墙面及顶面均未施工，按2019年8月27日会议纪要中的建筑指标600元/m^2计量，不合理也不符合实际情况，需重新评估测算指标。因行业中关于"二次结构及粗装修"的定义不明确，双方当事人也均未能提交该工程商业部分二次结构及粗装修具体包含内容的相关资料，鉴定机构无法明确区分和界定相应范围和内容，故鉴定结果中根据公平性原则，采取了按照合同约定的计价方式和费率及浮动比例，对原告已完成的构造柱、砌体墙、圈梁、过梁计算了相应费用，并将其计入确定性意见中。

③ 专业分包服务费。

该工程涉及计取专业分包服务费的甲方直接分包的项目，有太阳能、外墙涂料、屋面瓦、消防、空调、一期精装、展示中心精装、电梯、人防、塔楼工程。合同专用条款第23.2.2.9条约定："对发包人直接发包的工程，总包单位按分包价款的2%（扣除设备价款）计取总包配合及管理费用。"鉴定机构以根据当事人补充提交的分包合同资料，结合现场勘验情况估算的已完成部分价款为基数，乘以合同专用条款约定的计取标准，计算专业分包服务费，计入确定性意见中。

④ 购买指定绿网费用。

此项内容原告提交了2019年8月27日会议纪要、供货单位出具的两份对账单。被告对2019年8月27日会议纪要的真实性、合法性、关联性无异议，对证明目的有异议，根据合同第21.1条的约定，"本工程所涉及的施工现场内安全防护措施费用均已在合同价款和合同计价方法中综合考虑，不再另行计取"，原告主张的绿网费用属于安全防护措施费用，不应另行计取；被告对两份对账单的真实性、合法性不能确认，对关联性有异议，被告与供货单位之间并无合同关系，不是合同相对人，该对账单不能约束被告，对被告不发生任何法律效力。鉴定机构经查阅资料发现，绿网费用确属安全防护措施费用中应包含的材料费用，原则上不应另行计取费用，但根据 2019 年 8 月 27 日会议纪要中对绿网的认价 75 元/张可以看出，其价格明显高于市场价格，鉴定机构无法判断其价格高的原因是该绿网质量好、周转次数多，还是甲方不当干预（如指定购买），如为前者则不应另行增加费用，如为后者则应计取高出市场价格的差额费用。鉴定机构又根据双方现场清点的 D 户型中绿网的使用数量，测算分析出对账单中的采购数量基本合理，故鉴定结果是按照对账单中绿网的采购数量乘以绿网认价与市场价的价差，得出相应差额费用，将此费用作为争议项在选择性意见中单独列示，供委托人根据审理情况及证据效力确定。

⑤ 原告主张的延期开工索赔。

原告主张 2018 年因施工许可证办理原因而导致延期开工，延期开工时间为 2018 年 2 月 20 日至 2018 年 6 月 9 日。鉴定机构经查阅资料发现，该项目展示中心工程的开工令时间为 2017 年 11 月 15 日，复工令时间为 2018 年 3 月 7 日；该项目一期（ABC 区）的施工许可证办理时间为 2018 年 5 月 22 日，ABC 区的开工令时间为 2018 年 5 月 30 日。周工程简报资料显示，原告于 2018 年 3 月 10 日返场复工后，除了进行展示中心工程施工外，还进行了 ABC 区的场平、临建、降水等工作，直至 2018 年 5 月 26 日才开始进行 ABC 区的土方开挖作业，故鉴定结果中将原告主张的此次延期开工时间，界定为 2018 年 2 月 20 日至 2018 年 5 月 25 日。因鉴定机构未查到 ABC 区实际开工时间晚于计划开工时间的证据资料，无法判断 ABC 区是否属于延期开工，根据合同协议书第 3.3 条的约定，"除非合同已有其他规定，承包人不应以项目报批报建手续不全（甲方负责协调）……等原因为由提出任何形式的工期和费用的索赔要求"。证据的效力不属于鉴定机构确定范围，将延期开工涉及的以下各项费用作为争议项在选择性意见中单独列示，供委托人根据审理情况及证据效力确定。

a. 人工、材料涨价费。

此项内容原告提交了分包结算汇总表。原告主张因延期开工而导致商业人工费及商业模板材料费价格上涨，被告认为分包结算汇总表为原告单方制作，或者原告与其他单位为合同关系，被告不是合同相对人，不能确认这些证据的真实性、合法性，且与本案不具有关联性，故该证据不对被告产生法律约束力。对于商业人工费上涨，鉴定机构考虑此次延期开工时间段，对应 2018 年下半年实际施工的商业楼主体结构，人工工日按照某市工程建设造价管理站发布的 2018 年上半年、下半年综合用工指导价的价差，计算人工费上涨费用，对于商业模板材料费，因《某市工程造价》中的模板材料价格无变化，鉴定结果中未计入商业模板材料价格上涨的费用。

b. 管理人员费用。

此项内容原告提交了管理人员考勤表、《保安服务合同》。被告认为均系原告单方制作，或者系原告与其他单位为合同关系，被告不是合同相对人，不能确认这些证据的真实性、合法性，且与本案不具有关联性，故该证据不对被告产生法律约束力。鉴定机构经查阅资料发现，当事人未提供此期间的管理人员考勤表，通过对比一期 ABC 区施工组织设计（有甲方及监理工程师签字盖章确认）中的管理人员配备情况确认，其周工程简报（有监理工程师签字确认）中显示的现场管理人数量基本合理，鉴定机构通过将周工程简报中显示的现场管理人员数量乘以鉴定机构掌握的市场价格，确定相应管理人员费用；当事人主张的保安、厨师、保洁人员的数量，以及《保安服务合同》中约定的工资标准基本合理，鉴定机构通过将当事人主张的保安、厨师、保洁人员的数量乘以《保安服务合同》中约定的工资标准计算相应费用。由于此期间正在进行展示中心工程施工，以及 ABC 区的场平、临建、降水等工作，如存在管理人员费用损失也不应为全部损失，对于现有资料相应分摊比例，鉴定机构无法确定，鉴定结果仅将管理人员费用损失的最大值作为争议项，在选择性意见中单独列示，供审理人选择参考使用。

c. 水电增加费。

资料显示，此期间正在进行展示中心工程施工，以及 ABC 区的场平、临建、降水等工作，当事人提供的电费缴纳资料无法区分施工、办公、生活用电，且所发生的电费应主要为上述工程施工所产生，涉及办公和生活用电很少，鉴定结果中未计入此项费用。

⑥ 19♯楼高支模脚手架。

此项内容原告提交了高支模专项施工方案及专家论证资料。原告主张根据定额规定，即现浇混凝土梁、板、柱、墙支模高度超过 6m 时，按批准的施工方案计算。被告认为应按照合同第五条约定，竣工结算执行河北省 2012 年消耗量定额及《建设工程工程量清单计价规范》（GB 50500—2013），不可调定额中人材机的含量，19♯楼专项施工方案没有履行审批签章手续，无法确认其真实性。鉴定机构经查阅资料确认，根据定额规定，梁、板、柱、墙支模高度超过 6m 时，应按批准的施工方案计算，因原告提交的高支模专项施工方案经过了专家论证，具有合理性，鉴定结果是按照该方案中架子管的搭设数量和计划使用时间调整相应定额消耗量，将其与业主审后预算的价差部分计入确定性意见中。

⑦ 别墅区一、二段强弱电箱安装，总等电位箱、局部等电位箱安装。

此项内容原告主张增加别墅区一、二段样板间配电箱的采购安装，别墅区一、二段除样板间外其他楼栋强、弱电箱壳体，以及总等电位箱、局部等电位箱的采购安装，主张补充增加接地测试箱及测试板安装。鉴定机构查阅发现业主审后预算中未计入此部分内容，经现场勘验核实，别墅区一、二段 77～80 栋 4 栋样板间，其照明箱、总等电位箱及局部等电位箱均已安装完成，弱电箱壳体安装完成；别墅区一、二段除 4 栋样板间外，其他楼栋强、弱电箱，总等电位箱、局部等电位箱壳体，接地测试箱及测试板均安装完成。鉴定机构依据当事人提供的图纸、现场勘验情况，经与双方当事人核对，将此部分计入确定性意见中。

⑧ 展示中心电缆。

此项内容原告主张业主审后预算中的电缆长度，未按定额计算规则计入电缆的附加长度，主张补充电缆存在的量、价差异。鉴定机构依据当事人提供的图纸计算了电缆工程量，与业主审后预算中电缆工程量对比，业主审后预算中电缆工程量已计入电缆附加长度,经过与双方当事人核对,业主审后预算中少计入一种规格的空调电缆。鉴定结果将少计的空调电缆计入确定性意见中。

⑨ 安装人工费调整。

此项内容原告主张按合同约定,以合同签订时造价管理部门发布的文件中数值作为人工工日单价调整机电安装部分人工费。鉴定机构经查阅发现,业主审后预算中展示中心弱电工程综合用工二类工调整为 65.97 元/工日,其措施费及机械费中人工费未调整,除此项以外,机电安装预算中其他项目人工费均未进行调整。根据合同相关约定,人工工日单价应以合同签订时造价管理部门文件作为调整依据。鉴定结果依据鉴定计价原则中人工费调整原则,将机电安装部分人工费价差计入确定性意见中。

⑩ 电气 PVC 穿线阻燃管价格。

此项内容原告主张电气 PVC 穿线阻燃管实际施工采用重型阻燃管材。鉴定机构经查阅发现,业主审后预算中,电气 PVC 穿线阻燃管价格是按照《某市工程造价》中的轻型阻燃管材价格计入的,现场勘验核实电气 PVC 穿线阻燃管,实际采用联塑中型阻燃管材。鉴定结果将此部分材料价差计入确定性意见中。

⑪ 签证单 DQ-qz-002 展示中心临时兼永久供电。

此项内容原告主张为确保展示中心正常供电营业,展示中心敷设临时兼永久供电电缆,电源取自 630kVA 变压器。鉴定机构查阅签证单发现,均无签字盖章,经现场勘验核实,此部分内容实际已施工。鉴定机构依据当事人提供的图纸及现场勘验情况计算工程量,依据工程造价鉴定规范第 5.4.2 条规定,鉴定结果将此部分费用计入确定性意见中。

⑫ 签证单 DQ-qz-003 屋顶增加空调电源。

此项内容原告主张展示中心空调系统与原图纸设计有较大变化,为了避免大量的拆改,增加一路电缆至屋面西侧空调外机处,电源取自 AA4 柜原有备用回路。鉴定机构查阅签证单发现,均无签字盖章,现场勘验核实此电缆已敷设。鉴定机构依据当事人提供的图纸及勘验情况计算工程量,依据工程造价鉴定规范第 5.4.2 条规定,鉴定结果将此部分费用计入确定性意见中。

⑬ 签证单 SS-qz-002 展示中心室外消火栓井。

此项内容原告主张展示中心北侧,两座室外消火栓井已按设计图纸施工在正式道路上,为保证消防验收,需将消火栓井移位至就近花坛内。鉴定机构查阅签证单发现,均无签字盖章,依据当事人提交图纸,两座消火栓井确实在正式道路上,经现场勘验核实,消火栓井确在花坛内。鉴定机构根据现场勘验情况计算该项费用,依据工程造价鉴定规范第 5.4.2 条规定,计入鉴定结果确定性意见中。

(3) 被告主张鉴定内容的鉴定意见分析

① 商业地下车库顶板上的混凝土找平层、平面砂浆找平层、卷材防水层等未施工。

一期总包清单预算汇总明细表中的核减额未包括此项内容的核减。经现场勘验核实,此项内容未施工,鉴定结果对业主审后预算中计入的此项费用进行了扣减。

② 地下室顶板、一层夹层顶板、一层顶板的后浇带未施工。

一期总包清单预算汇总明细表中的核减额未包括此项内容的核减。经现场勘验核实，此项内容未施工，鉴定结果对业主审后预算中计入的后浇带混凝土工程量涉及的费用进行了扣减。

③ 别墅小院55栋楼露台栏杆、防腐木花格以及百叶窗均未施工。

一期总包清单预算汇总明细表中的核减额未包括此项内容的核减。经现场勘验核实，55栋别墅上述内容原告未施工，因双方当事人对别墅二次结构及粗装修的范围存在争议，且均无法提供相应明确的具体的资料，原告认为露台栏杆、防腐木花格以及百叶窗不包含在粗装修范围内，且除百叶窗外的内容为甲指分包，不属于其施工范围。鉴定机构经核实发现，根据2019年7月15日工作联系单，露台栏杆、防腐木花格以及百叶窗属于原告施工范围，但实际施工中被告已将露台栏杆单独分包。因鉴定机构无法判断露台栏杆、防腐木花格以及百叶窗是否属于粗装修范围，鉴定结果按合同约定的结算方式，对露台栏杆、防腐木花格以及百叶窗分别计算了相应价款，将其作为争议项在选择性意见中单独列示，供委托人根据审理情况及证据效力确定。

④ 55栋别墅门窗未全部施工完成。

一期总包清单预算汇总明细表中的核减额未包括此项内容的核减。经现场勘验核实，55栋别墅门窗未全部施工完成，经协商双方均同意按完成已计量进度款中相应金额的95%计费，鉴定结果对剩余未完成部分进行了扣减。

⑤ 55栋别墅外墙抗裂砂浆，有的厚度只有3mm，未按5mm厚度施工，部分未施工。

一期总包清单预算汇总明细表中的核减额未包括此项内容的核减。经现场勘验核实，55栋别墅外墙抗裂砂浆无未施工部位，厚度问题不属造价鉴定范围，且造价鉴定过程中主张人也未提供相应质量鉴定意见，本次造价鉴定中未考虑此项费用的扣减。

⑥ 外墙保温板未使用JB硅岩保温板施工，现场实际施工材料为热固复合聚苯乙烯泡沫保温板。

一期总包清单预算汇总明细表中的核减额未包括此项内容的核减。经现场勘验核实，55栋别墅外墙保温全部使用热固复合聚苯乙烯泡沫保温板，鉴定结果对业主审后预算中计入的JB硅岩保温板与现场实际使用的热固复合聚苯乙烯泡沫保温板涉及的价差进行了扣减。

⑦ 降水工程未按定额功率施工，人工未按施工组织设计施工。

一期总包清单预算汇总明细表中的核减额未包括此项内容的核减。被告主张现场实际施工使用的水泵功率为1.1kW，未按定额功率2.5kW施工，人工未按施工组织设计施工，应按周工程简报中表述的人工数量进行调整。鉴定机构经查阅资料发现，合同第23.1.11条约定："施工过程中的实际施工工艺低于定额子目标准，或工作内容少于定额子目，或人、材、机含量低于定额标准，发包人有权对此部分定额子目单价及组成按实调减。"鉴定机构对降水人工按周工程简报记载的数量进行了调整，由于关于降水水泵功率被告提供的资料为展示中心降水使用的水泵，鉴定机构无法判断该降水工程（19#楼、地下车库、消防水池和水泵房）是否全部使用此功率的水泵，鉴定结果中分别按使用1.1kW功率水泵、2.5kW功率水泵，计算降水费用并与业主审后预算中的降水费用做对比，将两者差额作为减少费用在选择性意见中单独列示，供委托人根据审理情况及证据效力确定。

4. 鉴定意见

（1）确定性意见。

某城市综合体项目委托鉴定事项中，对原告主张鉴定内容部分中能够直接确定鉴定造价部分金额为9989627元；对被告主张鉴定内容部分中能够直接确定鉴定造价部分核减金额为10089805元。

（2）选择性意见。

某城市综合体项目委托鉴定事项中以下事项因涉及证据效力和证据理解等，鉴定机构不能直接确定鉴定结果或应承担责任的主体，对其涉及的事项和相应费用进行了梳理计算并单独列示，供审理人根据证据的效力和庭审调查情况选择或参考使用，具体内容如下。

① 原告主张鉴定内容部分。

a. 植筋工程鉴定金额为1057843元（其中包括别墅植筋729967元、商业植筋327876元）。

b. 购买指定绿网认价与市场价格的差额鉴定金额为311646元。

c. 原告主张的延期开工损失鉴定金额为834818元（其中包括人工费上涨115297元、管理人员费用719521元）。

② 被告主张鉴定内容部分。

a. 商业楼首层二次结构及粗装修，按合同约定的结算方式计算已完工程价款，与按2019年8月27日会议纪要确认单价600元/m²计算工程价款，差额部分减少的造价为2595622元。

b. 别墅小院55栋楼露台栏杆、防腐木花格以及百叶窗均未施工，减少的造价为253933元（其中包括露台栏杆158767元、防腐木花格93236元、百叶窗1930元）。

c. 降水工程未按定额功率施工，人工未按施工组织设计施工，如降水人工按周工程简报，潜水泵功率参照展示中心1.1kW考虑，计算降水费用，减少的造价为19399907元；如降水人工按周工程简报，潜水泵功率按定额2.5kW考虑，计算降水费用，减少的造价为17234192元。

(三) 案件当事人对工程造价鉴定意见的异议问题

1. 原告异议问题

（1）植筋工程费用应计入确定性意见中。

（2）绿网费用应计入确定性意见中。

（3）被告主张的降水费用应按施工当期定额标准计价。

2. 被告异议问题

别墅小院55栋楼露台栏杆、防腐木花格以及百叶窗均未施工，减少的造价为253933元，应直接在确定性意见中扣减。

四、出庭作证情况

根据法院通知的规定时间，鉴定机构安排参加本案鉴定的专业人员履行了出庭作证义务。

本案在鉴定意见书（征求意见稿）出具后，履行了与双方当事人核对的程序，当事人异议已基本解决，庭审中对上述当事人异议内容，鉴定人给予了答复，庭审质证结束，鉴定机构参加出庭人员对庭审质证笔录进行了签字确认。

五、心得体会

（一）鉴定人应规范执业，避免出现"以鉴代审"

在鉴定工作中应注意，鉴定机构仅应对属于专业问题的内容进行鉴定，并应视证据的质证意见给出确定性、推断性和选择性意见等。对涉及证据的效力、合同条款的理解存在争议的问题，应申请审理方给出明确的处理意见，并按委托方意见出具相应的鉴定结果，如审理方未给出明确的处理意见，鉴定机构应出具选择性意见交由审理方决定取舍，否则将构成"以鉴代审"的法律后果。

（二）考虑鉴定项目的实际，合理地安排鉴定人员

根据案涉工程的专业及鉴定委托书要求，合理配备与鉴定工作相适应的鉴定人员，分派任务前参与项目鉴定人员自行履行回避义务，避免出现因违反鉴定的强制规定而造成鉴定结果无效。

（三）工程造价鉴定中对于合同履行程序与合同约定不符，且难以通过计量计价方法解决的事项，应促成当事人形成妥协性意见，以便于鉴定和审理工作的合法处理

对于造价鉴定中合同履行程序不完整，且难以通过计量计价方法解决的事项，在鉴定工作中应积极协调当事人，通过分析、判断提供基本意见，并积极促成当事人达成妥协性意见，以便争议得到妥善解决。

（四）重视鉴定意见书（征求意见稿）的作用，认真分析当事人和委托方的回复意见，将鉴定意见做实做准

出具鉴定意见书（征求意见稿）的初衷，是让当事人和审理人提前了解鉴定人在鉴定工作中的不足和缺陷，通过提出异议的方式，使鉴定人在鉴定过程中消除并解决鉴定意见

的瑕疵和不足，避免鉴定意见的不足和错误，从而影响案件的审理。因此，在收到各方的异议后，鉴定人应认真分析异议的事项和内容，涉及工程量计算的，可请示委托方同意后安排与异议人核对，避免在庭审质证中出现工程量计量争议和对抗，造成庭审工作被迫中断的情况。对于涉及合同理解和证据效力的异议内容，要采用出具选择性意见的方式列示鉴定结果，避免"以鉴代审"违规事件的发生。

（五）严格遵守鉴定时限，避免鉴定超期

根据案涉工程规模、难易程度，编制切实可行的鉴定方案，严格按照规范及法院委托书要求，在时限内完成鉴定任务。每个鉴定项目均应建立鉴定过程时序表，从接受鉴定委托，到出具鉴定成果文件的每一个环节，均要有翔实的记录。如因特殊原因鉴定工作不能在时限内完成，应在到期前及时向委托方申请延长鉴定期限。

（六）鉴定机构应培养精通造价专业知识，掌握施工技术，熟悉法律常识的复合型鉴定人才

造价鉴定业务不同于常规的工程结算审核业务，需要鉴定人员合法、科学、规范地解决造价争议，出具合法、准确的鉴定成果。造价鉴定面对的都是难以调和的矛盾，服务对象也不仅是双方当事人，还有审理人和律师等法律专业人士。要实现和法律人士的无障碍沟通，就要说法言法语，因此鉴定人只有熟悉法律常识和法律规定，才能满足鉴定和沟通的需求。完美地解决造价争议，要求鉴定人员从源头上掌握产生矛盾的根源和解决的方法，造价的形成来源于施工过程，因此必须掌握必要的施工技术和常识。对于计价工作，不是鉴定人员会算量和定额计价就可以满足的，只有掌握计价的原理与价格的形成环节和方法，才能有理有据地解决造价争议。因此，要做好一项造价鉴定业务并顺利通过庭审质证，需要鉴定人员具有丰富的专业知识、专业经验、法律常识和应变能力，这个能力的形成需要鉴定人不断地学习、培训和总结提升。鉴定机构要胜任鉴定工作，就必然要培养一批具有造价鉴定综合能力的复合型人才。

4. 某住宅项目已完工程造价司法鉴定

——河北三源安泰工程造价咨询有限公司

国丽慧 赵金叶 刘若昕 褚丽丽 李建永

一、案情简介

原告为某建筑工程总承包公司；被告为某房地产开发有限公司；第三人为某房地产开发有限公司。

法院审理查明，被告与第三人系合作开发关系，合作关系的基础是被告以土地出资，第三人出全部资金，经营权归第三人。

2013年6月5日，第三人以被告公司名义，与原告签订《建筑工程施工合同》，将案涉某住宅小区（1~5#楼、10#楼、11#楼及地下车库）项目发包给原告。在该合同中，双方当事人对于工程范围、工程造价计价方式、工程款支付方式、工期、工程质量、设备材料采购、质量保修相关事宜以及违约责任等事项进行了详尽约定，其中计价方式主要依据河北省2008年定额。

2013年6月19日，合同签订后，原告进场开始施工。

2013年10月2日，原被告双方签订《河北省建设工程施工合同》，并在建设行政主管部门备案，约定的计价方式为固定单价计价。

2014年6月21日，案涉工程主体全部封顶。被告2014年、2015年两次委托某建设工程质量检测有限公司对主体结构质量进行检测，检测结果均为合格。

2014年7月26日，因案涉第三人法定代表人涉嫌非法吸收公众存款罪，该项目预售许可证被查封，项目无法回款，导致因建设资金短缺而停工。

2015年5月初，原被告双方经协商签订《河北省建设工程施工合同补充协议》，对复工后部分工程的做法、计价方式进行了调整，并对后续工程款的支付时间、数额等进行了约定。

2015年6月1日，工程正式复工，原告派遣工人至现场进行二次结构施工。

2015年7月18日，工程再次停工，至案件起诉日该工程一直处于停工状态。

2017年7月28日，双方当事人对工程造价无法协商一致，法院依法委托河北三源安泰工程造价咨询有限公司对该案涉工程（1~5#楼、10#楼、11#楼、地下车库）工程主体、部分二次结构工程造价以及停工造成的损失，按照2013年6月5日和2013年10月2日签订的合同分别出具鉴定意见。

2017年12月29日，经鉴定机构与委托人沟通，召开听证会，在法院的协调下，双方当事人同意以2013年6月5日签订的《建设工程施工合同》中的计价方式作为鉴定依据，委托人据此重新出具委托书。

2019年1月22日，法院依法判决原告部分诉讼请求成立，并采信鉴定意见书中的造价鉴定意见。一审判决后，双方当事人均未就工程造价判决提起上诉。

二、案件争议焦点和造价鉴定难点

（一）案件争议焦点

1. 多份合同、协议，造价鉴定依据的确定成为焦点

经法院审查，被告与第三人是合作开发关系，案涉工程由第三人以被告名义组织施工建设，被告对原告施工事实也予以认可。

质证过程中，原告提交了2013年6月5日签订的《建筑工程施工合同》及补充协议，主张按此结算工程款；被告提交了2013年10月2日备案的《河北省建设工程施工合同》，主张按此结算工程款。原告称双方实际履行的是2013年6月5日签订的《建筑工程施工合同》，并提交了《备案合同签订的补充说明》。第三人认可上述两份合同均是其依据与被告的合作协议，以被告的名义与原告签订的，对其真实性予以认可。

听证会上，鉴定机构依据两个合同计价部分的不同点，指出2013年10月2日备案的《河北省建设工程施工合同》，约定的计价方式为固定单价计价，实际未提供合同单价附件，按该合同无法计算工程价款，另外，第三人称该单价是按照当时市场价格和河北省2008年定额标准做出，与2013年6月5日签订的《建筑工程施工合同》约定的按河北省2008年定额计算工程造价基本一致。经协商，原被告双方均同意以2013年6月5日签订的《建筑工程施工合同》的相关约定作为结算工程价款的依据，法院对此予以确认，并作为造价鉴定依据。

2. 停工导致的各项损失的认定问题

因被告原因停工导致1～5#楼楼层防护与电梯井内脚手架二次搭拆的费用；停工期间发生的措施费、大型机械设备的租赁费、钢管扣件租赁费、模板与木方折旧费、彩钢板房折旧费；停工期间至合同解除日的总部管理费、现场管理费等损失；两次停工支付工人的补偿金及往返路费；被告未依约支付进度款而导致的钢筋、木材、混凝土等材料款产生的违约金。

重点分析原告诉讼请求，并结合案涉工程的合同约定及相关计价文件，重点分析是否有与合同约定的重复项，是否应计算各项诉讼请求，给出具体鉴定意见供委托人使用。

(二) 造价鉴定难点

1. 已完工程界面的确定

由于案涉项目未按照合同约定内容施工完成，且无完整原被告双方达成一致的已实施项目界面的认定资料，只能由鉴定人进行现场勘验确定。

在勘验之前，鉴定人将需要勘验内容事项及数据表格做了充分的技术准备；在勘验过程中，依次对各号楼进行详细勘验，逐层测量，并且详尽地记录每个施工节点，描述完成程度。经过多天的现场勘验，原被告双方对现场已完界面达成一致意见，勘验结果得到了委托人、原被告双方的一致认可。

2. 工程已经实际实施，鉴定材料未提供或提供不完整分部分项工程造价的确定

对于已完工程已隐蔽，现场无法勘验，施工过程中又必然发生的分部分项工程，依据行业常规计入鉴定意见书。例如：

1~5#楼及10#楼基础马凳筋、顶板马凳筋，剪力墙梯子筋、线盒固定筋、暗柱定位框筋，根据原告提交的钢筋施工方案计算，方案上有专业监理工程师、总监理工程师签字，并加盖项目经理部印章，被告对该证据的真实性未提出异议。虽然监理工程师未在意见栏中标注"同意"或"认可"，但其签字本身即表明了对原告上报的钢筋施工方案的认可；方案中不明确的，按照行业常规做法考虑，列入推断性意见中，供委托人使用，委托人采信了鉴定意见中措施筋所涉及的工程造价。

1~5#楼人工清槽，根据现场工程签证单确认是由原告施工的，但未确认人工清槽的厚度，鉴定人与双方当事人在核对过程中按行业常规施工10cm列入推断性意见，双方当事人均认可，委托人亦采纳该部分鉴定意见。

3. 未完工程技术措施费确定问题

关于已完部分工程造价对应的脚手架、垂直运输、超高增加费的措施费计算，由于案涉工程未完全施工完成，合同约定采用河北省2008年定额计价方式，该技术措施费在河北省2008年定额中按建筑面积计算，是完成整体工程的总费用。为使鉴定意见更接近实际且公平公正，鉴定人通过多个项目的测算，并结合案涉工程的特点进行测算，计算已完部分工程造价所涉及的脚手架、垂直运输、超高增加费所占比例。就该测算比例，在与原被告双方核对过程中进行多次解释沟通，最终原被告双方均认可该测算数据，并达成一致意见。

三、鉴定情况

(一) 司法鉴定委托人提供鉴定材料内容

(1) 司法鉴定委托书；
(2) 起诉状；

(3) 施工合同及补充协议；

(4) 施工图纸；

(5) 设计变更、洽商单；

(6) 材料认价单；

(7) 已完施工范围证明、项目停工证明；

(8) 监理会议纪要；

(9) 农民工工资表、塔吊租赁合同、钢材采购合同等。

（二）工程造价司法鉴定情况

1. 鉴定过程

(1) 2017年7月28日，鉴定机构收到法院委托书；

(2) 2017年12月29日，鉴定机构收到修正后的法院委托书；

(3) 2018年2月6日，鉴定机构收到案涉住宅工程1～5#楼、10#楼、11#楼及地下车库的施工图纸；

(4) 2018年4月2日，鉴定机构收到鉴定费用，开始鉴定工作；

(5) 2018年6月5日，鉴定机构提交要求当事人补充证据材料的函；

(6) 2018年6月15日，鉴定机构收到车库及楼梯图纸的补充资料；

(7) 2018年7月18日至7月19日，委托人组织现场勘验，对鉴定机构提出的现场有争议的部分，原被告双方要求核实后给予答复；

(8) 2018年10月18日，原被告双方就现场勘验有争议的部分给予法院答复并转达至鉴定机构；

(9) 2018年11月11日，鉴定机构出具了工程造价鉴定意见书（征求意见稿），被告、第三人未提出异议，原告提出异议；

(10) 2018年12月10日至12月14日，在委托人的组织下，原被告双方就工程造价鉴定意见书（征求意见稿）中的异议问题与鉴定机构进行核对；

(11) 2018年12月16日，鉴定机构出具案涉工程造价鉴定意见书，所有当事人对确定性意见均无异议，推断性意见及选择性意见供法院参考使用。

2. 鉴定依据

(1) 行为依据。

司法鉴定委托书。

(2) 法律法规及政策依据。

①《中华人民共和国合同法》；

②《中华人民共和国建筑法》；

③《最高人民法院关于审理建设工程施工合同纠纷案件适用法律问题的解释》；

④《河北省高级人民法院对外委托工作实施细则（试行）》；

⑤《建设工程造价鉴定规范》（GB/T 51262—2017）。

(3) 计量与计价依据。

①《全国统一建筑工程基础定额河北省消耗量定额》(HEBGYD -A—2008)；

②《全国统一建筑装饰装修工程消耗量定额河北省消耗量定额》(HEBGYD -B—2008)；

③《全国统一安装工程预算定额河北省消耗量定额》(HEBGYD -C—2008)；

④《河北省建筑、安装、市政、装饰装修工程费用标准》(HEBGFB -1—2012)；

⑤《河北省消耗量定额工程量计算规则汇编》；

⑥ 2013 年 6 月 5 日签订的《建筑工程施工合同》及补充协议；

⑦ 其他送鉴材料。

3. 鉴定方法

(1) 已完工程鉴定方法。

① 依据施工图纸、现场勘验及建筑工程施工合同、补充协议，以及河北省消耗量定额工程量计算规则计算工程量，根据 2008 年河北省建设工程预算定额计价。

② 未完工程技术措施费，按照已完工程与未完工程的造价占比测算计入。脚手架按照河北省 2008 年定额中的综合脚手架的 75% 计算（建筑面积算至保温外侧）；垂直运输按照 90% 计算（建筑面积算至外墙外侧）；超高增加费按照 80% 计算（建筑面积算至保温外侧）。

(2) 停工导致的各项损失的鉴定方法。

① 停工期间塔吊租赁费。根据河北省建设工程计价依据《河北省建设工程施工机械台班单价》中自升式塔式起重机的停滞费计算。

② 停工期间留守现场人员工资。按照常规考虑，第一次停工按照留守 2 名技术人员、2 名看管人员考虑；第二次停工按照留守 2 名看管人员考虑，留守人员工资参照市场工资水平计入。

③ 员工补偿往返路费。按照提供的二次结构施工人员身份证代码查询地点，给予往返路费的补偿。因停工开始时主体结构已经封顶，主体结构的施工人员不计算往返路费的补偿。

(3) 工程已经实际实施，鉴定材料未提供或提供不完整分部分项工程造价的鉴定方法。

① 现场工程签证单编号 2015-012 中涉及的钢筋拆除。由于河北省 2008 年定额中没有钢筋拆除的定额，根据签证资料也无法判定拆除的钢筋是否二次利用，所以鉴定意见书中这部分钢筋拆除的人工费不予计取，相应拆除的钢筋材料费也不扣除。

② 1~5#楼及 10#楼基础马凳筋、顶板马凳筋、剪力墙梯子筋、线盒固定筋、暗柱定位框筋。根据 2018 年 12 月 13 日施工方提交的钢筋施工方案计算，方案中不明确的按照行业常规考虑，该部分造价计入推断性意见。

③ 1~5#楼人工清槽。根据编号为 2015-005 的现场工程签证单，无法确认人工清槽的厚度，鉴定意见书按 10cm 考虑，该部分造价计入推断性意见。

④ 1~5#楼外墙根部的止水钢板。双方对是否施工持有不同意见，所提供鉴定资料无法确定是否施工，因现场已隐蔽无法勘验，该部分造价计入选择性意见。

⑤ 2018 年 12 月 13 日被告施工方提交的图纸会审关于采暖套管材质的变更。因原告建设单位对该文件不予认可，鉴定意见书中确定性意见按照图纸计算，图纸会审中采暖套管材质变更造价（两种不同材质计价产生的差额）计入选择性意见。

⑥ 1~5#楼窗户接地、均压环、采暖调试。所提供的鉴定资料无法确定是否施工，该部分造价计入选择性意见。

⑦ 1~5#楼消防压力传感器暗配管。图纸系统图不显示，平面图显示，暂按平面图显示部分进行计算，该部分造价计入选择性意见。

4. 鉴定意见

（1）确定性意见包括范围：某住宅小区 1~5#楼及车库已完部分主体结构，10#楼已完部分工程造价及安装部分的预留预埋工程造价。

鉴定意见：工程总造价为 86612841.97 元。

（2）推断性意见包括范围：1~5#楼楼层防护与电梯井内脚手架二次搭拆费用；停工期间塔吊停滞费、钢管扣件租赁费；停工期间留守现场人员工资；项目停工补贴农民工往返路费；1~5#楼及 10#楼基础马凳筋；1~5#楼及 10#楼顶板马凳筋；1~5#楼剪力墙梯子筋；1~5#楼及 10#楼线盒固定筋；1~5#楼人工清槽。

鉴定意见：

1~5#楼楼层防护与电梯井内脚手架二次搭拆费用为 500000.00 元；

项目停工期间的塔吊停滞费为 446264.00 元；

项目停工阶段的钢管、扣件租赁费为 188529.96 元；

停工期间的留守现场人员工资为 302000 元；

二次结构停工补贴农民工往返路费为 51100 元；

1~5#楼及 10#楼基础马凳筋工程造价为 183645.64 元；

1~5#楼及 10#楼顶板马凳筋工程造价为 701635.81 元；

1~5#楼及 10#楼剪力墙梯子筋工程造价为 355599.37 元；

1~5#楼及 10#楼线盒固定筋工程造价为 22041.74 元；

1~5#楼及 10#楼暗柱定位框筋工程造价为 631441.99 元；

1~5#楼人工清槽工程造价为 10069.75 元。

（3）选择性意见包括范围：1~5#楼二次结构，根据现场勘验进行计价及根据补充协议约定方式进行计价；争议部分 10#楼外墙抹灰工程的造价；1~5#楼外墙根部止水钢板的工程造价；采暖入户套管图纸会审材质变更造价差额（两种不同材质计价产生的差额）。

鉴定意见：

1~5#楼二次结构根据现场勘验进行计价，工程造价为 2118272.89 元；

1~5#楼二次结构根据补充协议约定方式进行计价，工程造价为 1737491.05 元；

10#楼外墙抹灰工程造价为39016.93元；

1~5#楼外墙根部止水钢板工程造价为27508.69元；

采暖套管图纸会审材质变更造价差额（两种不同材质计价产生的差额）工程造价为8898.36元。

某住宅小区鉴定意见工程造价汇总表见表4-1。

表4-1 某住宅小区鉴定意见工程造价汇总表

序号	意见划分	楼号	专业	工程造价（元）
1	确定性意见	1#楼	土建	20601700.61
2			给排水	32234.23
3			采暖	3639.43
4			电气	960662.75
5		2#楼	土建	20825842.00
6			给排水	32234.23
7			采暖	3639.43
8			电气	966935.11
9		3#楼	土建	11640126.64
10			给排水	23546.65
11			采暖	2771.97
12			电气	574980.31
13		4#楼	土建	11674651.82
14			给排水	23546.65
15			采暖	2771.97
16			电气	577384.48
17		5#楼	土建	14201014.01
18			给排水	32934.89
19			采暖	3378.55
20			电气	753943.88
21		10#楼	土建	2354397.37
22			给排水	24990.04
23			采暖	51318.54
24			电气	121854.67
25		签证变更	—	1064738.98
26		车库与主楼连接部分	电气	57602.76
27			合计	86612841.97

续表

序号	意见划分	楼号	专业	工程造价（元）
28	推断性意见	1~5#楼楼层防护与电梯井内脚手架二次搭拆费用		500000.00
29		项目停工期间塔吊停滞费		446264.00
30		项目停工阶段钢管、扣件租赁费		188529.96
31		停工期间留守现场人员工资		302000.00
32		二次结构停工补贴农民工往返路费		51100.00
33		1~5#楼及10#楼基础马凳筋		183645.64
34		1~5#楼及10#楼顶板马凳筋		701635.81
35		1~5#楼及10#楼剪力墙梯子筋		355599.37
36		1~5#楼及10#楼线盒固定筋		22041.74
37		1~5#楼及10#楼暗柱定位框筋		631441.99
38		1~5#楼人工清槽		10069.75
39	选择性意见	二次结构计价方式	根据现场勘验进行计价	2118272.89
40			根据补充协议约定方式进行计价	1737491.05
41		10#楼外墙抹灰		39016.93
42		1~5#楼外墙根部止水钢板		27508.69
43		采暖套管图纸会审材质变更造价差额（两种不同材质计价产生的差额）		8898.36

（三）案件当事人对工程造价司法鉴定意见的异议问题

工程造价鉴定意见书（征求意见稿）出具后，当事人先后就有关问题提出异议，主要异议及回复情况如下。

1. 钢筋材料单价问题

经与双方当事人沟通钢筋材料单价的依据及计算过程确认，单价无误。

2. 1~5#楼、10#楼脚手架、垂直运输、超高增加费的系数的异议

经与双方当事人核对，将测算过程和依据示明，双方当事人达成共识，按鉴定机构测算系数计算计入鉴定意见书。

3. 具体工程量的差异

此类问题在与双方当事人的核对过程中均已解决。

四、出庭作证情况

工程造价鉴定意见书（征求意见稿）出具后，在委托人的组织下，就双方当事人异议的问题进行核对，并基本达成一致意见。核对记录作为鉴定依据，正式鉴定意见书出具

后，双方对鉴定意见均无异议，法院未要求鉴定机构出庭。

五、心得体会

（一）认真负责的态度、严谨的程序，是顺利开展工作的前提

本案中的鉴定材料没有确认的已完施工界面，需进行详尽的现场勘验。在勘验过程中，鉴定人认真负责，详细记录已完工程界面，用专业知识与双方当事人代表进行交流，取得了当事人的信任，使双方当事人由最初的剑拔弩张，到后期和平协商相关界面问题，真实地还原了施工现状，维护了司法鉴定的权威，使鉴定工作得以顺利开展。

（二）公平透明的原则、公正的立场，是做好司法鉴定的基础

在征得委托人同意的前提下，让案涉的各方当事人充分地参与鉴定过程，体现鉴定工作的公平透明；尊重双方诉求，了解双方当事人的真实想法，运用专业的造价技能，独立、公正地开展工作，将双方的争议最大限度地在庭外解决，发挥鉴定人在鉴定工作中的专业作用。

例如，案涉工程已完部分造价对应措施费比例的确定，针对双方的异议问题，在与当事人核对过程中，利用专业知识，用多组数据作为支撑进行对比分析，使双方当事人在过程中达成一致意见并签字确认，列入确定性意见，尽量减少争议事项。

（三）良好的沟通能力、扎实的专业知识，是减少争议的技术保障

最初委托，因原被告双方对合同依据未能达成一致意见，需分别按照河北省 2008 年定额、2013 年 6 月 5 日签订的《河北省建设工程施工合同》及补充协议约定，出具两个供选择的鉴定意见。接受委托后，经与委托人充分沟通，并了解案件的背景及双方目前的关系状态，在委托人组织下，鉴定人与原被告双方进行了充分的协调沟通，最终达成一致意见，明确了合同依据，将原本供选择的意见变成了确定性意见。

5. 某产业园项目工程设计价值司法鉴定

——河北慧德工程项目管理有限公司

李辉娟　李民利　李　淑　李毅飞　吴建柱

一、案情简介

本案是联合体间因设计施工总承包中设计费而产生纠纷的案件。原告为某设计单位，被告为某施工单位（总承包牵头单位）和第三人某科技有限公司（建设单位）。

2018年9月，原被告双方作为联合体，通过公开招投标方式中标某产业园项目设计施工总承包任务，中标金额中明确设计费为25170000元。被告作为牵头人与第三人签订了《建设工程总承包合同》，并与原告签署了《建设工程设计总包合同》。设计费总价包干金额为25170000元，并对各付款阶段设计费明细、付款时间进行了约定。

建设工程设计总包合同约定，设计阶段包括建筑方案设计、初步设计、施工图设计及施工配合，各阶段的设计深度满足国家规范及相关标准。设计内容包括规划红线内相关建筑物、构筑物的有关建筑、结构、给水排水、暖通空调、建筑电气、总图专业、测量勘察、设计施工全过程BIM建模、洁净厂房精装设计、基坑支护设计、钢结构设计、人防设计、泛光及夜景照明设计、幕墙设计、标识设计、智能化及安防设计、厨房顾问、景观设计、项目估算、项目概算，并特别约定原告根据项目进度需求安排驻场设计代表配合现场施工。

2018年11月21日，原告提交了最终设计方案文本、初步设计电子版及部分施工图电子版等设计成果文件，当月被告也开始了部分基坑及基础的施工工作。因项目未获得规划许可，后被迫停工，目前该项目处于停滞状态。

截止到停工前原告共收到设计费1980000元，在多次联络无果的情况下，原告于2021年8月31日提起诉讼，请求判令施工单位支付拖欠设计费12769600元及迟延利息。

2023年1月10日，法院委托鉴定机构对由设计方完成的案涉项目设计工作量及对应价值进行鉴定。2023年4月，鉴定机构出具了工程造价鉴定意见书。本项目已审理终结，法院完全采纳了鉴定意见中的推断性意见，选择性意见因双方未提供充足的证据，未采纳。

二、案件争议焦点和造价鉴定难点

(一) 案件争议焦点

本案的争议焦点,是未经政府审批项目的设计工作量是否具有价值,以及已完成的设计工作量及其对应的合理价值究竟是多少。

原告在起诉状中陈述,主体建筑设计的方案设计、初步设计已完成,施工图设计可提供第三方审查,合计完成工作量的75%;人防、地质勘察、基坑支护、钢结构专项设计完成90%,洁净、BIM专项、二次机电深化完成50%;其他专项景观设计、幕墙、泛光照明、标志标识、智能化等完成方案设计,完成工作量的30%。对应完成设计工作的设计费金额为14749600元,原告应支付已完成设计工作对应的剩余设计费及迟延利息。

被告认为第三人自始未取得土地使用权和用地规划许可,不具备设计方案报建和提交规划部门审批的前提条件,原告在未经书面确认、不具备规划条件、未经规划部门审批的情况下,作为联合体中的专业设计单位,自行超阶段设计,设计工作没有价值和效果,认为该部分工作不应计量,也无权主张设计费用。

项目所在地人民法院根据原告的申请,给鉴定机构出具鉴定委托书,要求对原告在2018—2019年完成的设计工作量及对应价值进行鉴定,说明法院已认可该项目的设计工作是具有价值的。

(二) 造价鉴定难点

总承包设计工作包含方案设计、初步设计、施工图设计、施工配合等多个工作阶段,涉及基本设计及基坑支护、智能化、BIM等专项设计的多个工作内容,分解成建筑、结构、给排水、暖通、电气等多个专业的设计工作。对总承包设计工作各阶段各专业的工作量的分解及完成程度的确定为本次鉴定的难点。

三、鉴定情况

(一) 司法鉴定委托人提供的鉴定材料的内容

(1) 委托人提供的资料有鉴定委托书及委托鉴定要求,委托对设计单位在2018—2019年完成的案涉项目设计工作量及对应价值进行鉴定;

(2) 本案的起诉状;

(3) 设计单位提出的设计工作司法鉴定申请书,申请对完成的设计工作价值进行司法鉴定;

（4）该项目的建设工程总承包合同、建设工程设计总包合同、中标通知书、设计施工总承包招标文件；

（5）图纸交付记录、邮件发送记录、方案确认单、工作联系单、联系函、第一次工地会议纪要、监理会议纪要；

（6）双方对证据的质证意见。

（二）工程造价司法鉴定情况

1. 鉴定过程

（1）2023年1月10日，收到项目所在地人民法院鉴定委托书、委托鉴定要求、司法鉴定委托移送表、设计工作司法鉴定申请书等；

（2）2023年1月13日，鉴定机构向委托人提交要求当事人提交证据材料的函，要求当事人提交补充鉴定材料；

（3）2023年1月28日，收到委托人转交的双方当事人提交的鉴定材料；

（4）2023年1月31日，收到委托人转交的原告提交的补充鉴定材料；

（5）2023年2月1日，收到委托人转交的双方当事人关于对方提供鉴定材料的质证意见；

（6）2023年2月13日，收到委托人转交的被告提交的补充鉴定材料；

（7）2023年2月16日，收到委托人转交的被告提交的补充质证意见；

（8）2023年2月27日，收到委托人转交的原告对补充鉴定材料的质证意见；

（9）2023年3月22日，鉴定机构邀请设计行业知名专家（建筑、结构、给排水、暖通、电气五个专业的专家各一名）进行咨询讨论、评价、论证，并对各阶段设计工作完成程度系数进行测评打分；

（10）2023年3月28日，鉴定机构向委托人提交鉴定意见书（征询意见稿）；

（11）2023年4月11日，收到委托人转交的被告提交的鉴定书面异议；

（12）2023年4月14日，鉴定机构就原告的书面异议问题函复委托人；

（13）2023年4月16日，鉴定机构向委托人提交鉴定意见书终稿。

2. 鉴定依据

（1）行为依据。

司法鉴定委托书。

（2）法律法规及政策依据。

①《中华人民共和国建筑法》；

②《中华人民共和国民法典》；

③《中华人民共和国民事诉讼法》；

④《最高人民法院关于民事诉讼证据的若干规定》；

⑤《工程造价咨询企业管理办法》；

⑥《注册造价工程师管理办法》；

⑦《建设工程造价鉴定规范》(GB/T 51262—2017)。

（3）计量与计价依据。

① 双方当事人签订的建设工程设计总包合同；

②《工程勘察设计收费标准（2002 年修订本）》；

③《民用建筑设计劳动定额》(2000 版)（注：部分参考引用此定额）；

④《建筑工程设计文件编制深度规定》(2016 年版)；

⑤ 当事人提交的鉴定资料（电子版）。

3. 鉴定方法

在鉴定过程中鉴定机构采用科学的鉴定方法、严谨的工作态度，务求给双方当事人公平公正的结果。通过三级鉴定流程（一级编制、二级复核、三级审定）确定该项目鉴定金额，确保数据的准确性；成立由公司技术负责人、项目负责人、专业辅助人等造价工程师组成的专业团队，对案涉工程的设计工程量计算、市场价格确定等方面进行讨论研究，并得出一致意见，做到客观公正。

依据合同内容，建设工程设计总包合同工作量及对应价值，分解为设计工作和施工配合服务两部分；设计工作分解成设计施工全过程 BIM 建模和其他设计工作，设计施工全过程 BIM 建模，依据市场价格确定其总价值及占设计工作的比例，其余为其他设计工作的工作量及对应价值；依据《工程勘察设计收费标准（2002 年修订本）》确定其他设计工作各阶段（方案设计阶段、初步设计阶段、施工图设计阶段）工作量比例；依据《民用建筑设计劳动定额》(2000 版) 确定各阶段各专业（建筑、结构、给排水、暖通、电气）的工作量比例；施工图阶段各单体权重依据"概算造价汇总表"中单项工程造价比例确定；依据《建筑工程设计文件编制深度规定》(2016 年版) 要求及提供的设计成果文件（电子版），对各阶段（施工图设计阶段区分单体）各专业工作量完成程度进行专家评定，将专家评定值的平均值确定为专业完成程度系数（施工图设计阶段考虑单体权重）；依据专业完成程度系数及各专业工作量比例，计算出其他设计工作各阶段的完成系数；BIM 建模工作将专家评定值的平均值确定为完成系数，按设计工作分解比例，以及各内容完成系数计算设计工作完成系数。最终确定合同约定设计工作完成的工作量及对应价值，临时展厅将专家评定值的平均值确定为完成工作量（占其本身），结合其他设计工作价值折合的平方米单价计算其设计工作价值。具体如图 5-1 所示。

依据《工程勘察设计收费标准（2002 年修订本）》，确定其他设计工作方案设计阶段、初步设计阶段、施工图设计阶段工作量占比分别为 15%，30%，55%；依据《民用建筑设计劳动定额》(2000 版)，确定方案设计阶段建筑、结构、给排水、暖通、电气、经济各专业工作量占比分别为 75%，9%，4%，4%，5%，3%；初步设计阶段建筑、结构、给排水、暖通、电气、经济各专业工作量占比分别为 38%，18%，7%，8%，10%，19%；施工图设计阶段建筑、结构、给排水、暖通、电气等专业工作量占比分别为 29%，36%，9.5%，11.5%，14%。

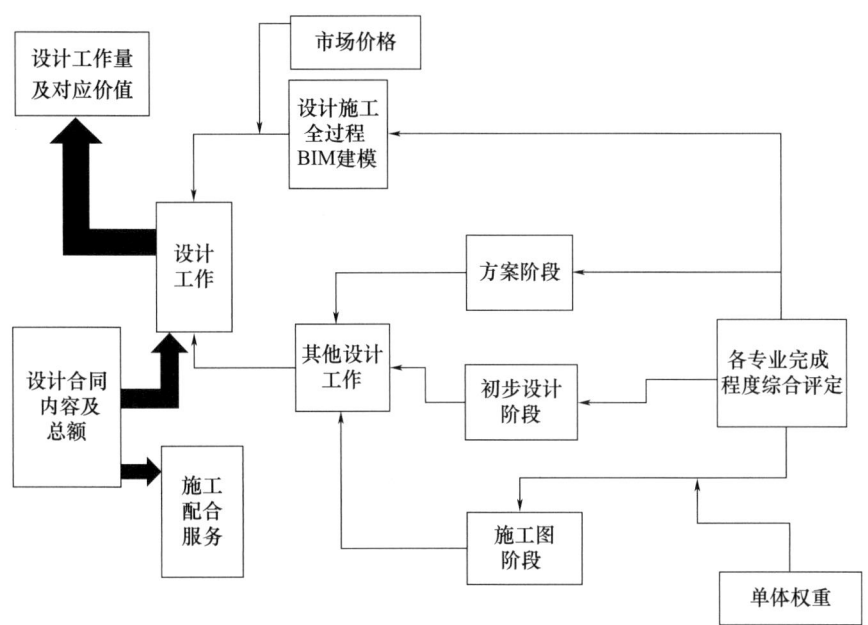

图 5-1 设计工作量及对应价值的鉴定

注：粗线条为价值及系数，细线条为系数。

鉴定人员依据《建筑工程设计文件编制深度规定》（2016 年版）规定，对提供的各阶段、各专业的设计内容电子版进行比对，详细列出设计内容不满足深度规定的部分，邀请设计、审图行业专家对各阶段设计工作完成程度系数（各专家评定值的算数平均值）进行评定，见表 5-1。

表 5-1 各专业完成程度综合评定表

序号	设计阶段	建筑单体或设计内容	专业完成程度系数					
			建筑	结构	给排水	暖通	电气	经济
1	方案设计阶段	方案	82.20%	88.00%	90.60%	89.40%	88.20%	88.60%
2	初步设计阶段	初步设计文本及图纸	69.20%	75.80%	69.20%	51.20%	58.80%	14.80%
3	施工图设计阶段	地下室及基础（含基坑支护）	89.00%	81.80%	77.40%	41.60%	34.80%	—
4		1#楼	10.00%	78.40%	73.00%	37.20%	18.80%	—
5		2#楼	9.60%	77.80%	73.20%	36.00%	18.00%	—
6		3#楼	9.80%	77.80%	74.00%	37.60%	18.20%	—
7		4#楼	9.40%	78.00%	73.40%	35.00%	16.80%	—
8		5#楼	9.60%	77.40%	71.60%	35.20%	16.80%	—
9		6#楼	9.60%	77.60%	69.40%	35.20%	16.20%	—
10		7#楼	9.80%	76.20%	68.60%	32.00%	14.60%	—
11		8#楼	9.40%	78.60%	72.60%	31.60%	16.20%	—

续表

序号	设计阶段	建筑单体或设计内容	专业完成程度系数					
			建筑	结构	给排水	暖通	电气	经济
12	施工图设计阶段	9#楼	13.40%	77.00%	73.80%	52.60%	19.00%	—
13		9#楼展厅	0	39.80%	0	0	0	—
14		架空连廊	0	0	0	0	0	—
15		氢气站	0	0	0	0	0	—
16		氮气站	0	0	0	0	0	—
17		氨气站	0	0	0	0	0	—
18		门卫室	0	0	0	0	0	—
19		场地平整	0	0	0	0	0	—
20		景观建筑工程	0	0	0	0	0	—
21		景观绿化工程	0	0	0	0	0	—
22		景观给排水工程	0	0	0	0	0	—
23		景观电气工程（含室外照明）	0	0	0	0	0	—
24		10kV 外线工程	0	0	0	0	0	—
25		标识系统	0	0	0	0	0	—
26		泛光照明工程	0	0	0	0	0	—
27		围墙	0	0	0	0	0	—
28		室外监控系统	0	0	0	0	0	—
29		设计施工全过程 BIM 建模	9.20%					
30		临时展厅	80.20%					

4. 鉴定意见

该项目鉴定结果分为推断性意见和选择性意见，其中推断性意见 7862892.90 元，选择性意见 40108.87 元，表 5-2。

表 5-2 鉴定意见汇总表

序号	项目名称	鉴定工作量	对应价值（元）	备注
一	**推断性意见**	31.24%	7862892.90	详见表 5-3
1	设计工作	31.24%	7862892.90	完成合同工作量
二	**选择性意见**	80.20%	40108.87	详见表 5-17
1	临时展厅	80.20%	40108.87	—

（1）推断性意见。

因案涉项目已经施工，说明部分设计工作已经完成，但因鉴定内容无明确的工程量计算规则,依据行业专家和鉴定人的判断做出推断,故该项目合同内设计工作完成的工作量及对应价值列入推断性意见。鉴定结果为设计工作量占合同工作量的31.24%,对应价值为7862892.90元,详见表5-3~表5-16。

表5-3 推断性意见计算表

序号	项目名称	设计工作量占合同工作量比例	设计工作完成系数	完成合同工作量比例	合同金额(元)	对应价值(元)	备注
一	推断性意见	—	—	31.24%	—	7862892.90	—
1	设计工作	66.67%	46.86%	31.24%	25170000	7862892.90	工作量比例见表5-4,完成系数见表5-6
1.1	设计施工全过程BIM建模	—	—	1.27%	—	319189.00	1完成合同工作量×设计工作完成系数,见表5-6
1.2	其他设计工作	—	—	29.97%	—	7543703.90	1完成合同工作量×设计工作完成系数,见表5-6
1.2.1	方案设计阶段	—	—	6.65%	—	1673895.38	1.2完成合同工作量×其他设计工作完成系数,见表5-7
1.2.2	初步设计阶段	—	—	9.13%	—	2298945.71	1.2完成合同工作量×其他设计工作完成系数,见表5-7
1.2.3	施工图设计阶段	—	—	14.19%	—	3570862.81	1.2完成合同工作量×其他设计工作完成系数,见表5-7

表5-4 合同内容分解及工作量比例计算表

序号	项目内容	工作量比例	金额(元)	备注
1	设计总承包合同额	100.00%	25170000	合同总额
2	施工图完成	60.00%	15102000	合同约定比例
3	施工配合	30.00%	7551000	合同约定比例

续表

序号	项目内容	工作量比例	金额（元）	备注
4	尾款10%	10.00%	2517000	合同约定比例
5	设计工作	66.67%	16780000	分摊10%尾款后
6	施工配合服务	33.33%	8390000	分摊10%尾款后

表5-5 设计工作分解计算表

序号	项目内容	规模	单位	单价（元）	合计（元）	设计作工作量占比	备注
1	设计施工全过程BIM建模	192746.98	m²	18	3469446	20.68%	根据市场单价确定其合同总额
2	其他设计工作	—	—	—	13310554	79.32%	除BIM建模外分解合同额
	合计	—	—	—	16780000	100.00%	—

表5-6 设计工作完成系数计算表

序号	项目内容	内容占比	本内容完成系数	设计工作完成系数	设计工作完成系数占比	备注
1	设计施工全过程BIM建模	20.68%	9.20%	1.90%	4.06%	内容占比见表5-5，完成系数见表5-1
2	其他设计工作	79.32%	56.67%	44.96%	95.94%	内容占比见表5-5，完成系数见表5-7
	合计	100%	—	46.86%	100%	—

表5-7 其他设计工作完成系数计算表

序号	设计阶段	阶段占比 ①	阶段完成系数 ②	其他设计工作完成系数 ③=①×②	其他设计工作完成系数占比 ③/合计	备注
1	方案设计阶段	15%	83.84%	12.58%	22.19%	阶段完成系数见表5-8
2	初步设计阶段	30%	57.57%	17.27%	30.48%	阶段完成系数见表5-9
3	施工图设计阶段	55%	48.78%	26.83%	47.34%	阶段完成系数见表5-10
	合计	100%	—	56.67%	100%	—

表 5-8　方案设计阶段完成程度系数计算表

序号	设计专业	专业阶段占比	专业完成程度系数	阶段完成程度系数	备注
1	建筑	75%	82.20%	61.65%	专业完成程度系数见表 5-1
2	结构	9%	88.00%	7.92%	专业完成程度系数见表 5-1
3	给排水	4%	90.60%	3.62%	专业完成程度系数见表 5-1
4	暖通	4%	89.40%	3.58%	专业完成程度系数见表 5-1
5	电气	5%	88.20%	4.41%	专业完成程度系数见表 5-1
6	经济	3%	88.60%	2.66%	专业完成程度系数见表 5-1
	合计	100%	—	83.84%	—

表 5-9　初步设计阶段完成程度系数计算表

序号	设计专业	专业阶段占比	专业完成程度系数	阶段完成程度系数	备注
1	建筑	38%	69.20%	26.30%	专业完成程度系数见表 5-1
2	结构	18%	75.80%	13.64%	专业完成程度系数见表 5-1
3	给排水	7%	69.20%	4.84%	专业完成程度系数见表 5-1
4	暖通	8%	51.20%	4.10%	专业完成程度系数见表 5-1
5	电气	10%	58.80%	5.88%	专业完成程度系数见表 5-1
6	经济	19%	14.80%	2.81%	专业完成程度系数见表 5-1
	合计	100%	—	57.57%	—

表 5-10　施工图设计阶段完成程度系数计算表

序号	设计专业	专业阶段占比	专业完成程度系数	阶段完成程度系数	备注
1	建筑	29%	36.31%	10.53%	专业完成程度系数见表 5-11
2	结构	36%	69.65%	25.08%	专业完成程度系数见表 5-12
3	给排水	9.5%	64.48%	6.13%	专业完成程度系数见表 5-13
4	暖通	11.5%	35.51%	4.08%	专业完成程度系数见表 5-14
5	电气	14%	21.17%	2.96%	专业完成程度系数见表 5-15
	合计	100%	—	48.78%	—

表 5-11 施工图设计阶段建筑专业完成程度系数计算表

序号	建筑单体或设计内容	建筑物或内容投资占比（权重）	专业完成程度系数	加权完成程度系数	备注
1	地下室及基础（含基坑支护）	34.42%	89.00%	30.63%	
2	1#楼	4.80%	10.00%	0.48%	
3	2#楼	5.12%	9.60%	0.49%	
4	3#楼	4.91%	9.80%	0.48%	
5	4#楼	2.45%	9.40%	0.23%	
6	5#楼	2.53%	9.60%	0.24%	
7	6#楼	5.56%	9.60%	0.53%	
8	7#楼	5.36%	9.80%	0.53%	
9	8#楼	4.81%	9.40%	0.45%	
10	9#楼	16.69%	13.40%	2.24%	
11	9#楼展厅	2.60%	0	0	权重见表5-16，完成程度系数见表5-1
12	架空连廊	2.57%	0	0	
13	氢气站	0.06%	0	0	
14	氮气站	0.11%	0	0	
15	氨气站	0.03%	0	0	
16	门卫室	0.02%	0	0	
17	场地平整	0.30%	0	0	
18	景观建筑工程	3.17%	0	0	
19	景观绿化工程	1.90%	0	0	
20	景观给排水工程	0.95%	0	0	
21	景观电气工程（含室外照明）	0.32%	0	0	
22	10kV外线工程	0.38%	0	0	
23	标识系统	0.37%	0	0	
24	泛光照明工程	0.37%	0	0	
25	围墙	0.15%	0	0	
26	室外监控系统	0.04%	0	0	
	合计	100%	—	36.31%	—

表 5-12 施工图设计阶段结构专业完成程度系数计算表

序号	建筑单体或设计内容	建筑物或内容投资占比（权重）	专业完成程度系数	加权完成程度系数	备注
1	地下室及基础（含基坑支护）	34.42%	81.80%	28.16%	
2	1#楼	4.80%	78.40%	3.76%	
3	2#楼	5.12%	77.80%	3.98%	
4	3#楼	4.91%	77.80%	3.82%	
5	4#楼	2.45%	78.00%	1.91%	
6	5#楼	2.53%	77.40%	1.96%	
7	6#楼	5.56%	77.60%	4.31%	
8	7#楼	5.36%	76.20%	4.09%	
9	8#楼	4.81%	78.60%	3.78%	
10	9#楼	16.69%	77.00%	12.85%	
11	9#楼展厅	2.60%	39.80%	1.04%	
12	架空连廊	2.57%	0	0	权重见表5-16，完成程度系数见表5-1
13	氢气站	0.06%	0	0	
14	氮气站	0.11%	0	0	
15	氦气站	0.03%	0	0	
16	门卫室	0.02%	0	0	
17	场地平整	0.30%	0	0	
18	景观建筑工程	3.17%	0	0	
19	景观绿化工程	1.90%	0	0	
20	景观给排水工程	0.95%	0	0	
21	景观电气工程（含室外照明）	0.32%	0	0	
22	10kV外线工程	0.38%	0	0	
23	标识系统	0.37%	0	0	
24	泛光照明工程	0.37%	0	0	
25	围墙	0.15%	0	0	
26	室外监控系统	0.04%	0	0	
	合计	100%	—	69.65%	—

表 5-13 施工图设计阶段给排水专业完成程度系数计算表

序号	建筑单体或设计内容	建筑物或内容投资占比（权重）	专业完成程度系数	加权完成程度系数	备注
1	地下室及基础（含基坑支护）	34.42%	77.40%	26.64%	
2	1#楼	4.80%	73.00%	3.50%	
3	2#楼	5.12%	73.20%	3.75%	
4	3#楼	4.91%	74.00%	3.63%	
5	4#楼	2.45%	73.40%	1.80%	
6	5#楼	2.53%	71.60%	1.81%	
7	6#楼	5.56%	69.40%	3.86%	
8	7#楼	5.36%	68.60%	3.68%	
9	8#楼	4.81%	72.60%	3.49%	
10	9#楼	16.69%	73.80%	12.32%	
11	9#楼展厅	2.60%	0	0	权重见表5-16，完成程度系数见表5-1
12	架空连廊	2.57%	0	0	
13	氢气站	0.06%	0	0	
14	氮气站	0.11%	0	0	
15	氩气站	0.03%	0	0	
16	门卫室	0.02%	0	0	
17	场地平整	0.30%	0	0	
18	景观建筑工程	3.17%	0	0	
19	景观绿化工程	1.90%	0	0	
20	景观给排水工程	0.95%	0	0	
21	景观电气工程（含室外照明）	0.32%	0	0	
22	10kV外线工程	0.38%	0	0	
23	标识系统	0.37%	0	0	
24	泛光照明工程	0.37%	0	0	
25	围墙	0.15%	0	0	
26	室外监控系统	0.04%	0	0	
	合计	100%	—	64.48%	—

表 5-14 施工图设计阶段暖通专业完成程度系数计算表

序号	建筑单体或设计内容	建筑物或内容投资占比（权重）	专业完成程度系数	加权完成程度系数	备注
1	地下室及基础（含基坑支护）	34.42%	41.60%	14.32%	
2	1#楼	4.80%	37.20%	1.79%	
3	2#楼	5.12%	36.00%	1.84%	
4	3#楼	4.91%	37.60%	1.85%	
5	4#楼	2.45%	35.00%	0.86%	
6	5#楼	2.53%	35.20%	0.89%	
7	6#楼	5.56%	35.20%	1.96%	
8	7#楼	5.36%	32.00%	1.72%	
9	8#楼	4.81%	31.60%	1.52%	
10	9#楼	16.69%	52.60%	8.78%	
11	9#楼展厅	2.60%	0	0	
12	架空连廊	2.57%	0	0	
13	氢气站	0.06%	0	0	权重见表5-16，完成程度系数见表5-1
14	氮气站	0.11%	0	0	
15	氩气站	0.03%	0	0	
16	门卫室	0.02%	0	0	
17	场地平整	0.30%	0	0	
18	景观建筑工程	3.17%	0	0	
19	景观绿化工程	1.90%	0	0	
20	景观给排水工程	0.95%	0	0	
21	景观电气工程（含室外照明）	0.32%	0	0	
22	10kV外线工程	0.38%	0	0	
23	标识系统	0.37%	0	0	
24	泛光照明工程	0.37%	0	0	
25	围墙	0.15%	0	0	
26	室外监控系统	0.04%	0	0	
	合计	100%	—	35.51%	—

表 5-15 施工图设计阶段电气专业完成程度系数计算表

序号	建筑单体或设计内容	建筑物或内容投资占比（权重）	专业完成程度系数	加权完成程度系数	备注
1	地下室及基础（含基坑支护）	34.42%	34.80%	11.98%	权重见表5-16，完成程度系数见表5-1
2	1#楼	4.80%	18.80%	0.90%	
3	2#楼	5.12%	18.00%	0.92%	
4	3#楼	4.91%	18.20%	0.89%	
5	4#楼	2.45%	16.80%	0.41%	
6	5#楼	2.53%	16.80%	0.42%	
7	6#楼	5.56%	16.20%	0.90%	
8	7#楼	5.36%	14.60%	0.78%	
9	8#楼	4.81%	16.20%	0.78%	
10	9#楼	16.69%	19.00%	3.17%	
11	9#楼展厅	2.60%	0	0	
12	架空连廊	2.57%	0	0	
13	氢气站	0.06%	0	0	
14	氮气站	0.11%	0	0	
15	氩气站	0.03%	0	0	
16	门卫室	0.02%	0	0	
17	场地平整	0.30%	0	0	
18	景观建筑工程	3.17%	0	0	
19	景观绿化工程	1.90%	0	0	
20	景观给排水工程	0.95%	0	0	
21	景观电气工程（含室外照明）	0.32%	0	0	
22	10kV外线工程	0.38%	0	0	
23	标识系统	0.37%	0	0	
24	泛光照明工程	0.37%	0	0	
25	围墙	0.15%	0	0	
26	室外监控系统	0.04%	0	0	
	合计	100%	—	21.17%	—

表 5-16 施工图各单体权重计算表

序号	建筑物名称	规模（m²）	工程费用（万元）	投资占比	备注
1	地下室及基础（含基坑支护）	45473.06	27169.43	34.42%	规模及工程费用见鉴定材料"概算造价汇总表"
2	1#楼	13390.98	3788.25	4.80%	
3	2#楼	13867.22	4040.40	5.12%	
4	3#楼	13390.98	3875.97	4.91%	
5	4#楼	6357.92	1932.19	2.45%	
6	5#楼	6396.17	1996.38	2.53%	
7	6#楼	13867.22	4385.92	5.56%	
8	7#楼	13390.98	4234.55	5.36%	
9	8#楼	13390.98	3797.12	4.81%	
10	9#楼	44556.52	13173.61	16.69%	
11	9#楼展厅	2410.56	2053.80	2.60%	
12	架空连廊	5295.19	2028.06	2.57%	
13	氢气站	260.00	48.88	0.06%	
14	氮气站	469.00	88.17	0.11%	
15	氨气站	143.00	26.88	0.03%	
16	门卫室	87.20	16.39	0.02%	
17	场地平整	—	235.18	0.30%	
18	景观建筑工程	—	2502.32	3.17%	
19	景观绿化工程	—	1501.39	1.90%	
20	景观给排水工程	—	750.69	0.95%	
21	景观电气工程（含室外照明）	—	250.23	0.32%	
22	10kV外线工程	—	300.00	0.38%	
23	标识系统	—	294.55	0.37%	
24	泛光照明工程	—	294.55	0.37%	
25	围墙	—	120.00	0.15%	
26	室外监控系统	—	30.00	0.04%	
	合计	192746.98	78934.90	100%	—

（2）选择性意见。

该项目设计总包合同未明确临时展厅的相关工作内容，故将临时展厅项目工作量及对应价值列为选择性意见，对应价值为 40108.87 元，详见表 5-17。

表 5-17 选择性意见计算表

序号	项目名称	鉴定工作量	对应价值（元）	备注
一	选择性意见	80.20%	40108.87	
1	临时展厅	80.20%	40108.87	完成单体设计工作量见各专业完成程度综合评定表；13310154（其他设计工作总金额，详见表 5-5）÷192746.98（合同内建筑面积，详见表 5-5）×724.22（建筑面积详见建筑图纸）×鉴定工作量

（三）案件当事人对工程造价司法鉴定意见的异议问题

原告未提异议，被告对工程造价司法鉴定意见书（征求意见稿）附表 2-3（本书表 5-6）中"设计施工全过程 BIM 建模"单价提出异议，认为应该按照《河北省建筑信息模型（BIM）技术应用服务计价参考依据》确定。鉴定机构认为建设工程设计总承包合同是总价合同，按照市场价确定，并未对 BIM 收费标准进行明确，设计施工全过程 BIM 建模设计费应按市场价取定。

四、出庭作证情况

本案未要求出庭作证。

五、心得体会

设计工作费用确定，不同于项目一般工程造价确定，无明确的工程量计算规则、计价规范、计价依据等。本案的鉴定需要对设计工作内容、各设计内容对应的设计阶段、各阶段的设计深度要求、各阶段各专业工作量占比等进行深入的分析研究，通过完成工作量比例、评定系数的确定建立数据计算模型，从而分解计算出已完设计工作的工作量及对应价值，本案的鉴定充分体现了司法鉴定的高概性。

通过本案的鉴定可以看出，司法鉴定要求鉴定人员具备更广的知识面、专业能力和分析能力，必须是复合型人才，对于专业性较强的项目，采用咨询行业专家的方式，从而有助于鉴定意见的专业、合理、公平、公正。

案涉项目因前期立项、可研及初步设计阶段工作不到位，目前处于停滞状态，甚至今后有可能拆除已施工部分。这个结果导致设计、施工等多方投入没有发挥应有的作用，造成社会资源的巨大浪费。建设单位不按规定的项目建设流程办事，在没有完成前置手续的情况下，盲目开始设计、施工工作，边设计边施工，这种做法是不可取的。建设项目的合规性是项目实施的必要前提，各参与方须高度重视，引以为戒。盲目参与，一旦项目不能顺利实施，带来的风险和损失是难以预料的。

6. 某智慧城市-智能交通项目工程造价司法鉴定

——河北卓越工程项目管理有限公司

郜云飞　杨振波　韩世伟　高炎西　杨永香

一、案情简介

原告为总包方，与被告一签订《智慧城市-智能交通项目先期工程建设合同》（以下简称"先期工程建设合同"）；被告一为发包方，是被告二为该项目建设而专门设立的实施单位；被告二为被告一的母公司，与项目所在地人民政府签订与该项目有关的《PPP合作框架协议》；被告三为项目所在地人民政府指定的项目合作单位，与被告一、原告的母公司签订《合作框架协议》。

2015年11月，被告二与项目所在地人民政府签订了《PPP合作框架协议》，双方合作建设包括案涉项目在内的一系列项目。为推动PPP合作框架协议的执行，被告二注册成立全资子公司，即被告一（认缴出资额1亿元，实际出资额0元），项目所在地人民政府安排被告三采用PPP模式与被告一合作，对在建项目将采取政府回购、购买服务、特许经营权或其他优惠政策，使被告一在项目建成后获得合法收益。

2016年4月，被告一作为甲方，被告三作为乙方，原告的母公司作为丙方签订的《合作框架协议》中，第一条"合作内容"约定：甲方、乙方优先选择丙方或丙方下属单位为项目参建对象，共同推进项目的建设和维护。第二条"合作方式"约定：具体项目合作方式，根据项目实施情况另行确定。对于项目的前期合作，乙方同意甲方负责与丙方或丙方下属关联公司进行项目联系、对接、签署合同/协议及其履行等相关工作。第三条"双方职责"约定：甲方、乙方应对项目实施提供大力支持，负责完善政府审批、核准或备案手续，积极协调各方资源和合作过程中产生的相关问题，积极推动项目的顺利实施。在同等条件下，甲方、乙方优先采用丙方或丙方下属关联公司生产的产品或解决方案。丙方应组织优势力量，遵循国家规范、项目设计及相关要求，为项目建设提供解决方案和优质服务，保障建设质量和工期。乙方应与甲方或此后成立的项目公司，就应向丙方支付的项目款在甲方、乙方向项目公司各自应缴出资额的范围内承担连带给付责任。

2016年5月，被告一作为甲方，原告作为乙方，签订了《智慧城市-智能交通项目先期工程建设合同》(该合同签订未经招投标程序),建设范围包括内场环境工程、前端感知系统、业务系统等智慧城市-智能交通项目先期工程(具体包括应急指挥调度总控中心、北斗卫星数据中心、前端感知系统工程三个子项目),工期90日历天(不包括验收和整改期间),合同价款暂定为3亿元,以最终结算审定金额为准。

2016年9月,被告三与被告一合资注册成立了特殊目的实体(SPV)公司,注册资本为20000万元,被告三截至2016年12月认缴出资额共计10200万元,实缴出资额为0元。被告一认缴出资额9800万元,实缴出资额为0元。

先期工程建设合同约定结算总价＝工程建设费＋工程建设其他费＋系统集成费＋总承包服务费。①工程建设费采用工程量清单方式计价,按照《建设工程工程量清单计价规范》(GB 50500—2013)及其配套文件、2012年河北省消耗量定额、《河北省建筑、安装、市政、装饰装修工程费用标准》(HEBGFB-1—2012)及其配套文件、项目所在地《某市工程造价信息》公布的信息价进行编制和审核,人工、材料费不下浮,无信息价的根据项目所在地市场价编制和审核。以双方达成一致并书面确认的预算审核结果为该合同的已标价工程量清单,采用固定综合单价,结算时不再调整,工程量据实结算。②工程建设其他费包括设计费、施工图纸审查费、工程量清单及组价编制费、前端感知系统建设期运行电费和前端感知系统的运行网络费。③系统集成费按照竣工结算审定的工程建设费的15%结算。④总承包服务费按照竣工结算审定的工程建设费的5%结算。⑤甲方与项目所在地政府或其授权的公司及第三方成立的SPV公司完成增资扩股工作后30个工作日内,SPV公司支付暂定合同价款的30%,即9000万元。若在2016年9月前无法完成增资扩股工作,甲方需履行该合同付款责任及义务(后被告一和被告三合资成立平台公司,作为项目业主,因PPP项目推进失败,未完成SPV公司注册,案涉项目业主变更至被告一名下)。⑥因合同一方违约而导致合同解除的,向另一方支付违约金3000万元。

2016年5月,原告进场施工,2016年7月停工,实际完成先期工程建设合同约定的部分工程。2017年8月29日,原告向被告一和被告三发送律师函,催促其依约支付首笔合同款9000万元,被告一、被告三未能支付。2018年7月,原告向法院提起诉讼请求:判令被告一支付合同价款76628828.61元及利息;判令被告一支付原告合同解除违约金3000万元;判令被告一支付原告因退货等原因产生的损失11791363.57元;判令被告二、被告三承担连带付款责任。诉讼过程中,各方经协商未能就工程结算问题达成一致,根据原告书面申请,法院依法委托我单位对案涉已完工程造价进行鉴定。

2021年11月,法院依法判决原告的诉讼请求部分成立,设计费因资料提交不全鉴定意见被部分采信外,其他全部采信我单位出具的造价鉴定意见。

二、案件争议焦点和造价鉴定难点

案涉工程属于PPP项目,存在多个合同主体,多份合同、协议,由于项目推进失败,工程停建,案情较为复杂。施工图纸、工程量清单等关键证据缺失,给造价鉴定工作造成很大困难。

(一) 案件争议焦点

1. 案涉工程先期工程建设合同的效力

关于合同效力,法院经审查认为,依据各方提供的证据,可以认定该项目采用PPP模式,由被告一和被告三共同出资,被告三(占股51%)为政府安排参与项目合作的国有企业,根据《中华人民共和国招标投标法》规定,全部或者部分使用国有资金投资或者国家融资的项目属于必须招投标的范围。先期工程建设合同虽为双方当事人真实意思表示,但系未经招投标程序签订,依法应认定为无效合同。

2. 工程欠款金额及其利息的认定

关于工程欠款,法院经审查认为,根据《最高人民法院关于审理建设工程施工合同纠纷案件适用法律问题的解释》第二条规定,建设工程施工合同无效,但建设工程经竣工验收合格,承包人请求参照合同约定支付工程价款的,应予支持。具体到本案,虽然案涉先期工程建设合同依法应认定无效,但原告已实际完成部分工程,在合同不能继续履行的情况下,其有权就已完工程主张工程价款。被告虽抗辩案涉工程未经验收,存在质量问题,但未提交相关证据,且根据现有证据,停止施工的原因主要在发包方即被告一,故对其抗辩不予采纳。同时,各被告均认可至今未向原告支付任何款项,故案涉已完工程造价金额即为被告一作为发包方应支付的工程欠款金额,工程造价鉴定也按此原则执行。结合工程造价鉴定意见,法院认定本案欠付的工程款金额为确定性意见造价15888545.93元+北斗卫星数据中心操作台价款2059765.00元+专线租赁服务费125640.00元+设计费210万元+15%的系统集成费+5%的总承包服务费=24208741.00元。

关于利息计算,根据《最高人民法院关于审理建设工程施工合同纠纷案件适用法律问题的解释》第十八条之规定,利息从应付工程价款之日计付,双方当事人有约定的从约定,没有约定的从法定。本案根据先期工程建设合同的约定,如案涉项目SPV公司在2016年9月30日前无法完成增资扩股工作,未在2016年10月30日前向原告足额支付暂定合同价款的30%,被告一应于前述付款期限届满之日向原告支付暂定合同价款的30%即9000万元。根据前述认定的事实,被告一尚欠的工程款金额在9000万元首笔合同款范围之内,故原告主张工程欠款自2016年10月30日起计算工程欠款利息应予支持。

3. 原告索赔的各项损失认定

原告主张的索赔包括两部分,分别为违约金和设备退货损失。法院经审查认为,因案涉先期工程建设合同依法应认定无效,故对于原告依据合同约定主张的3000万元违约金不予支持。

关于原告主张的11692442.73元设备退货损失费问题,《最高人民法院关于审理建设工程施工合同纠纷案件适用法律问题的解释(二)》第三条规定:建设工程施工合同无效,一方当事人请求对方赔偿损失的,应当就对方过错、损失大小、过错与损失之间的因果关系承担举证责任。如果损失大小无法确定,一方当事人请求参照合同约定的质量标准、建设工期、工程价款支付时间等内容确定损失大小的,人民法院可以结合双方过错程度、过错与损失之间的因果关系等因素做出裁判。具体到本案，根据原告提供的证据，可以证实在施工末期出现北斗卫星数据中心大屏、前端感知系统等设备运抵施工现场后又退回的情况，客观上会发生运输费用，也可能产生设备折旧损失；根据原告提交的现场照片、会议纪要、律师函回函等证据，可以证实导致合同无效且未履行完毕的原因主要在被告方。但基于现有证据，鉴定机构无法计算因设备退货、折旧造成的损失，对于原告单方主张的金额和计算方法，各被告均不认可，故客观上无法确定损失的大小和具体金额。综合各种因素，法院酌情确定被告一赔偿原告损失 100 万元。

4. 被告二、被告三是否承担连带付款责任

关于被告二、被告三是否承担连带付款责任，经法院审查认定，被告二系被告一的股东，认缴出资额 1 亿元，目前尚未实际履行出资义务，故被告二应在 1 亿元范围内对被告一债务不能清偿部分承担补充赔偿责任。

《合作框架协议》约定，被告三在 1.02 亿元范围内对案涉项目款承担连带付款责任。被告三主张，原告不是《合作框架协议》的合同主体（合同主体是原告的母公司），因此没有向原告承担连带付款责任的义务。经法院审查认为，《合作框架协议》第三条明确约定"甲方、乙方优先采用丙方或丙方下属关联公司生产的产品或解决方案"，在协议后期履行过程中，对于原告作为实际施工单位，各被告均未提出异议，故被告三的抗辩不能成立，被告三应对被告一欠付的工程款及利息在其认缴范围内承担连带付款责任。

5. 原告对案涉工程是否享有建设工程价款优先受偿权

《最高人民法院关于审理建设工程施工合同纠纷案件适用法律问题的解释（二）》第二十二条规定：承包人行使建设工程价款优先受偿权的期限为六个月，自发包人应当给付建设工程价款之日起算。具体到本案，原告主张根据先期工程建设合同约定，被告一应在 2016 年 10 月 30 日前支付款项，故原告在 2018 年 7 月起诉主张建设工程价款优先受偿权已超过六个月的除斥期间，对其该项诉讼请求法院不予支持。

（二）造价鉴定难点

1. 合同的效力认定

合同效力属法院审理的权限范围。各方对《PPP 合作框架协议》和《合作框架协议》的有效性没有争议，本案的关键在于判断先期工程建设合同是否有效。由于先期工程建设合同系未经招投标程序签订，因此合同是否有效的关键在于案涉工程是否使用国有资金。本案的难点在于：由于 PPP 项目推进失败，案涉工程后变更至被告一名下，项目资金来源于被告二的融资，被告一和被告二为民营企业，截至工程停工未使用国有资金，原告基于上述事实主张合同有效。法院根据《PPP 合作框架协议》和《合作框架协议》确定的各方权利和义务，认定案涉项目属于 PPP 项目，使用国有资金，PPP 项目推进失败等情况属于上述协议履行过程中出现的变化，而判断案涉工程是否属于必须招投标的范围应以合同签订时的相关事实为依据，先期工程建设合同应依法被认定为无效。

《中华人民共和国合同法》规定无效合同自始没有法律约束力，但不影响合同中独立

存在的有关结算和争议条款的效力,《最高人民法院关于审理建设工程施工合同纠纷案件适用法律问题的解释》第二条规定,建设工程施工合同无效,但有关工程价款的约定条款可以参照适用,法院对此予以确认,作为造价鉴定依据。

2. 停建工程的工程量争议

案涉项目属于 PPP 项目,按照合同约定,施工图纸由原告委托设计单位进行设计,由于项目停建,工程量的鉴定工作存在以下困难:①截至工程停工,施工图纸未经审查备案,未经被告确认,各被告对原告提供的图纸证据的"三性"均不认可,图纸不能直接作为计算工程量的依据;②该项目未经过招投标程序,没有投标清单预算,且截至工程停工,原告未完成工程量清单预算的编制工作,也未经被告审核确认工程量清单;③工程停工以后,原被告各方未对已完工程和未完工程的界面进行确认。

综上所述,本案工程量鉴定的难点在于缺少原被告认可的施工图纸、工程量清单、确认单等书面性资料,各方当事人对案涉工程的工程量、造价几乎全部存在争议,缺少各方认同的基础资料,尤其是前端感知系统分布在 1000 多平方千米的辖区内,勘验范围广,定位难度大。鉴定机构的鉴定方案是通过现场勘验的方式确认工程量,并在现场勘验之前制订了详细的勘验计划,依据到货清单、材料报验等证据资料,抽丝剥茧,尽可能详细地列出了待勘验的工程量清单。在法院的组织下,按照专业和区域,室内外勘验同步进行。经过 4 天的现场勘验形成了 56 页现场勘验记录,勘验工作得到了法院、原被告的一致认可,成为确认工程量的重要证据。

3. 设备、材料价格争议

由于本案缺少原被告各方认可的工程预算,大部分设备和材料的价格需鉴定机构进行鉴定。除特殊情况外,本案材料设备价格按照以下原则执行:已提供认质认价的设备、材料,按认质认价计入;无认质认价的,按信息价计入;既无认价,也没有造价信息和定额的,按市场询价计入。

案涉项目的工程范围主要是控制中心和前端感知系统,包含大量的电子设备,专业性比较强,既没有认价,也没有信息价。这部分设备费占造价的比例较高,询价的准确性直接影响工程造价的合理性。鉴定机构通过专业询价平台、厂家报价、历史项目经验数据等多渠道进行询价,互相比对参照,合理确定设备价格并计入工程造价;鉴定意见书初稿出具后,对原被告各方争议较大的材料设备,通过补充资料,提供实际设备参数、品牌等方式,重新询价后出具补充鉴定意见书,有效地减少了原被告各方的争议。

三、鉴定情况

(一) 司法鉴定委托人提供鉴定材料内容

(1) 鉴定委托书;

(2) 合同文件;

(3) 质证笔录、庭审笔录;
(4) 工程结算书;
(5) 施工图、电子版CAD图纸;
(6) 工程联系单;
(7) 材料认质认价单;
(8) 技术方案;
(9) 工程验收文件;
(10) 其他资料。

(二) 工程造价司法鉴定情况

1. 鉴定过程

(1) 2019年9月17日,鉴定机构收到法院司法鉴定委托书。

(2) 2019年9月23日,鉴定机构提交案涉工程关于鉴定委托的复函(含送鉴证据材料目录)以及鉴定人员组成通知书。

(3) 2020年9月14日,鉴定机构收到相关资料,包括施工合同、图纸、质证笔录、设计变更、民事起诉状、民事答辩状等。

(4) 2020年11月16日,鉴定机构收到原告的补充图纸(光盘)以及三被告对原告送鉴证据材料的质证意见。

(5) 2020年11月23日,鉴定机构专业人员进行整理汇总后,向法院提交需补充资料的鉴定联系函。

(6) 2020年12月15日,鉴定机构收到原告提交的第二次补充鉴定资料,包括前端感知系统图纸、结算文件等。

(7) 2020年12月21日至12月24日,在法院主办人员组织下,鉴定机构与原被告当事人进行了现场勘验,形成现场勘验记录。

(8) 2021年2月22日,鉴定机构收到原告提交的第三次补充鉴定资料。

(9) 2021年3月19日,鉴定机构收到原告提交的第四次补充鉴定资料。

(10) 2021年3月25日,法院组织当事人质证,鉴定机构鉴定人员出庭参与质证,并就初步审核情况与原被告当事人进行核对。

(11) 2021年3月31日,鉴定机构就部分证据资料的有效性问题致函法院。

(12) 2021年4月12日,鉴定机构完成案涉工程工程量计算、计价等工作,出具鉴定意见书(征求意见稿)。

(13) 2021年5月27日,鉴定机构收到原被告各方对鉴定意见书(征求意见稿)的反馈意见。

(14) 2021年6月4日,鉴定机构向法院提交对原告异议意见回复的鉴定联系函。

(15) 2021年6月8日,鉴定机构完成对鉴定意见书(征求意见稿)的调整,出具鉴定意见书。

(16) 2021年7月5日，鉴定机构收到原被告当事人对鉴定意见书的反馈意见。

(17) 2021年8月16日，鉴定机构完成对鉴定意见书的调整，形成鉴定意见书（补充）。

2. 鉴定依据

(1) 行为依据。

① 司法鉴定委托书；

②《最高人民法院关于审理建设工程施工合同纠纷案件适用法律问题的解释（一）》。

(2) 法律法规及政策依据。

①《中华人民共和国建筑法》；

②《中华人民共和国民法典》；

③《中华人民共和国民事诉讼法》；

④《最高人民法院关于民事诉讼证据的若干规定》；

⑤《建设工程造价鉴定规范》（GB/T 51262—2017）；

⑥ 河北省高级人民法院《建设工程施工合同案件审理指南》；

⑦ 国家、省、市的法律法规等其他有关文件、资料。

(3) 计量及计价依据。

① 双方当事人签订的施工合同、专业分包合同及补充协议、有关材料、设备采购合同；

② 2012年河北省建设工程计价标准及相关费率标准，有关配套调整文件及办法；

③ 工程施工图、经批准的施工组织设计、设计变更、工程洽商、索赔与现场签证；

④ 施工期间《某市工程造价信息》、工程材料设备认价单；

⑤ 法院提供的鉴定资料。

3. 鉴定方法

(1) 依据鉴定委托书内容和工程施工合同（协议书）、施工技术资料确定鉴定范围；

(2) 依据双方当事人确认的施工图、工程做法、现场勘验记录和约定的定额标准编制计价文件；

(3) 依据鉴定委托书要求及材料价格确定原则，根据有关定额及配套标准、相关文件以及施工期间当地工程造价信息、市场询价等确定单价；

(4) 鉴定过程中采用全面审核法，对该工程所涉项目的工程量计算、定额套用、材料设备价格采用、取费标准执行等方面，依据鉴定委托书要求及相关规定进行鉴定；

(5) 采用三级程序确定案涉工程造价，即一级编制、二级复核、三级审定。

4. 鉴定意见

(1) 确定性意见。

根据所提交的相关资料，应急指挥调度总控中心、北斗卫星数据中心、前端感知系统部分经现场勘验能够确认的列入确定性意见，具体范围详见现场勘验记录。

① 应急指挥调度总控中心。

应急指挥调度总控中心工程造价为 11489372.90 元，其中装修工程 3064753.78 元，弱电工程（不包括 LED 显示单元、45 台图形工作站主机、96 块硬盘、软件）5063128.12元，加固工程 1410000.00 元，家具及操作台 1951491.00 元。

② 北斗卫星数据中心。

北斗卫星数据中心工程造价为 947434.54 元，其中装修工程 256150.78 元，安装工程 691283.76 元。

③ 前端感知系统。

前端感知系统工程造价为 3451738.49 元，其中高清电警 260785.85 元，高清监控 2980133.10 元，高清卡口 210819.54 元。

以上三部分共计 15888545.93 元。

(2) 选择性意见。

① LED 显示单元。

原告主张：17888500.00 元（不含安装费）。

鉴定意见：原告提交的送鉴证据材料：第 1197 页"智慧城市-应急指挥调度总控中心项目现场清点核对验收记录表"及第 1198 页"用户报告"，说明 LED 显示单元曾经安装完成。原告提交的公证书（公证时间 2021 年 1 月 4 日），说明了 LED 大屏的现状。因现场勘验未见 LED 显示单元工程实体，公证书的关联性、有效性未能确定，我单位仅对设备价格水平发表参考性意见。结合该设备的设计参数及功能要求，综合市场询价及同期类似工程设备价格水平，该 LED 显示单元设备同期合理价格水平区间为 85000.00～100000.00 元/m^2，面积为 56.70m^2，请法院根据庭审实际情况参考鉴定意见确定。

② 45 台图形工作站主机、96 块硬盘。

原告主张：具体金额不详。

鉴定意见：原告提交的送鉴证据材料第 1174 页、第 1197 页"智慧城市-应急指挥调度总控中心项目现场清点核对验收记录表"，说明此部分设备曾到达项目现场。原告提交的公证书，说明了图形工作站主机、硬盘的现状。因现场勘验未见 45 台图形工作站主机和 96 块硬盘工程实体，公证书的关联性、有效性未能确定，鉴定机构仅对设备价格发表参考性意见。结合设备的设计参数及功能要求，综合市场询价，图形工作站主机设备价格为 17590.00 元/台，数量为 45 台，硬盘设备价格为 1056.00 元/块，数量为 96 块，请法院根据庭审实际情况参考鉴定意见确定。

③ 应急指挥调度总控中心弱电工程相关软件。

原告主张：具体金额不详。

鉴定意见：现场勘验未见工程实体，未发表鉴定意见。

④ 北斗卫星数据中心已订货材料设备——家具。

原告主张：443239.00 元。

鉴定意见：现场勘验未见家具实体，未发表鉴定意见。

⑤ 北斗卫星数据中心已订货材料设备——操作台。

原告主张：2059765.00 元。

鉴定意见：现场勘验未见设备实体，原告提交的公证书后附照片中的供应商送货单显示的物料代码，与原告和供货商签订的《货物买卖合同》中的物料代码一致，公证书明确该批物料存放于某省某市某厂区。依据送鉴证据材料，原告与被告一确认北斗卫星数据中心操控台价格为 2059765 元，原告和供货商签订的《货物买卖合同》采购价格为 1650000 元。请法院根据公证书的关联性、有效性及庭审实际情况另行确定。

⑥ 前端感知系统——软件、服务器。

原告主张：10841687.53 元。

鉴定意见：现场勘验未见设备实体，原告送鉴证据材料第 2430～第 2434 页为总控中心大屏效果和领导视察照片。鉴定机构按照软件的参数及功能要求进行市场询价，由于此软件的特殊性，未能询到相应报价，因此未发表鉴定意见。

⑦ 前端感知系统——已到货未安装材料设备。

原告主张：1769350.45 元。

鉴定意见：经现场勘验，存放于现场的已到货未安装材料有监控立杆 18 根，相关费用已包含在确定性意见内，其余材料设备未见设备实体，未发表鉴定意见。

⑧ 工程建设其他费。

a. 工程量清单及组价编制费。

原告主张其与咨询单位所签《建设工程造价咨询合同》约定的预付款，共计 127200.00 元。

鉴定意见：由于未见发票、付款凭证等相关证据资料，该项未发表鉴定意见，如确有发生，提交相关补充资料后庭审确定。

b. 前端感知系统数据专线租赁服务费。

原告主张按照运营商数据专线租赁业务确认单、业务计费确认单等证据，可以证明其与中国移动某市分公司签订数据专线业务服务合同，并已向中国移动付款 121050.00 元。被告一已对相关专线租赁费用、开通计费时间予以确认。

鉴定意见：依据已提交的证据资料，原告已按项目所在地人民法院的民事判决书支付给中国移动 121050.00 元。先期工程建设合同约定"前端感知系统的运行网络费的结算原则根据预算审核结果及运营商谈判情况由双方另行确定"，原告送鉴证据材料第 751～第 754 页运营商数据专线租赁服务确认单确认了费用单价和计费开始的时间，依据项目所在地人民法院的民事判决书确认的计费时间，前端感知系统数据专线租赁服务费合计 125640.00 元，请法院根据庭审实际情况参考鉴定意见确定。

c. 设计费。

包含在分包费内，具体金额不详。原告提交的送鉴资料，第 654～第 656 页，原告向某设计单位支付设计费 30 万元；原告提交的第四次补充鉴定材料第 2～第 4 页，原告向某设计单位支付设计费 180 万元。原告向设计单位支付设计费共计 210 万元。

鉴定意见：先期工程建设合同约定"设计费按《工程勘察设计收费标准》（2002 年修订版）计取，不下浮"。由于未提供已完成设计工作内容的相关图纸及概算，按已施工完成工程造价为基数计算，确定性意见工程建设费相应的设计费为770800.00元；LED显示单元相应的设计费为313300.00～368600.00元；45台图形工作站主机、96块硬盘、北斗卫星数据中心操作台相应的设计费为191900.00元；其余工程（包括已完成设计未施工项目）对应的设计费无法计算，未发表鉴定意见。

⑨ 系统集成费。

原告主张《先期工程建设合同》、《可视智慧城市项目技术解决方案》、应急指挥调度总控中心效果呈现照片及3张领导视察照片等证据可以证明，其为系统集成工作进行了充分的方案设计，并可实际实现集成效果，根据《先期工程建设合同》约定，系统集成费按照竣工结算审定的工程建设费的15％结算，共计9462232.60元。被告三质证认为，按照2008年工业和信息化部重新制定下发的通信建设概算预算编制办法及相关定额，系统集成费包括工程设计费、安装费、调试费及售后服务费等费用，系统集成工作仅是其中的一部分，且原告主张的费用与前面提及的设计费存在重合，该部分费用应按实际工作内容计取并扣除重复费用。

鉴定意见：《先期工程建设合同》第7条约定："系统集成费按照竣工结算审定的工程建设费的15％结算。"按照合同约定，确定性意见工程建设费相应的系统集成费为2383281.89元；LED显示单元相应的系统集成费为722925.00～850500.00元；45台图形工作站主机、96块硬盘、北斗卫星数据中心操作台相应的系统集成费为442903.65元，请法院根据庭审实际情况参照鉴定意见确定。

⑩ 总承包服务费。

原告主张总承包服务费按竣工结算审定的工程建设费的5％结算，共计3154077.53元。被告三质证认为："根据河北省工程建设标准《建设工程工程量清单编制与计价规程》[DB13（J）/T150—2013]规定'总承包服务费：总承包人为配合协调招标人另行发包的专业工程项目实施，招标人供应材料或设备时所发生的管理费用、服务费用、采购保管费用……'且根据现有证据及资料可知分包合同均为原告与分包方签订而非鉴定机构。综上所述，该工程不涉及总承包服务费项目。"

鉴定意见：先期工程建设合同第7条约定："总承包服务费按照竣工结算审定的工程建设费的5％结算。"按照合同约定，确定性意见工程建设费相应的总承包服务费为794427.30元；LED显示单元相应的总承包服务费为240975.00～283500.00元；45台图形工作站主机、96块硬盘、北斗卫星数据中心操作台相应的总承包服务费为147634.55元，请法院根据庭审实际情况参照鉴定意见确定。

⑪ 设备折旧损失费。

原告主张：11791363.57元。

鉴定意见：依据现有证据，无法计算设备拆除、折旧造成的损失，未发表鉴定意见。

⑫ 违约金。

原告主张：30000000.00元。

鉴定意见：不属鉴定机构鉴定范围。

⑬ 利息。

原告主张：6248442.40 元。

鉴定意见：不属鉴定机构鉴定范围。

（3）其他需要说明的问题。

① 材料价格确定原则：a. 已提供认质认价资料的材料，按认质认价计入；b. 无认质认价的材料按施工期造价信息算术平均值计入（依据已提交的证据资料，材料价格按 2016 年 5 月至 2016 年 12 月造价信息的算术平均值计入）；c. 既无认价，也没有造价信息的，执行定额价；d. 既无认价及造价信息价，也无定额价的材料，参照市场询价计入。

② 设备价格确定原则：参照鉴定机构市场询价计入。由于电子产品更新换代速度快，价格波动较大，部分设备难以追溯到施工期（2016 年）的市场价，鉴定机构按照同类型产品的市场价格进行询价，结合已完同类工程历史数据成果计入。

③ 工程质量问题不属鉴定机构鉴定范围。

（4）确定性意见、选择性意见明细表，见表 6-1。

表 6-1 鉴定意见工程造价汇总表

序号	类别	名称	鉴定造价（元）	备注
1	确定性意见	智慧城市应急指挥调度总控中心	11489372.90	不包括 LED 显示单元、45 台图形工作站主机、96 块硬盘、软件
		北斗卫星数据中心	947434.54	
		前端感知系统	3451738.49	
		合计	15888545.93	
2	选择性意见	LED 显示单元	85000.00～100000.00 元/m²，面积为 56.70m²	
		图形工作站主机	17590.00 元/台，45 台	
		硬盘	1056.00 元/块，96 块	
		应急指挥调度总控中心弱电工程相关软件		未发表鉴定意见
		北斗卫星数据中心已订货材料设备——家具		未发表鉴定意见
		北斗卫星数据中心已订货材料设备——操作台	2059765.00	采购价格为 1650000.00 元，请法院根据庭审实际情况参照鉴定意见确定
		前端感知系统——软件、服务器		未发表鉴定意见

续表

序号	类别	名称			鉴定造价（元）	备注
2	选择性意见	前端感知系统——已到货未安装材料设备				未发表鉴定意见
		工程量清单及组价编制费				未发表鉴定意见
		前端感知系统数据专线租赁服务费			125640.00	
		设计费	确定性意见的工程建设费		770800.00	其余工程对应的设计费无法计算，未发表鉴定意见
			LED显示单元		313300.00～368600.00	
			45台图形工作站主机、96块硬盘、北斗卫星数据中心操作台		191900.00	
		系统集成费	确定性意见的工程建设费		2383281.89	先期工程建设合同第7条约定：系统集成费按照竣工结算审定的工程建设费的15%结算。请法院根据庭审实际情况参照鉴定意见确定
			LED显示单元		722925.00～850500.00	
			45台图形工作站主机、96块硬盘、北斗卫星数据中心操作台		442903.65	
		总承包服务费	确定性意见工程建设费		794427.30	先期工程建设合同第7条约定：总承包服务费按照竣工结算审定的工程建设费的5%结算。请法院根据庭审实际情况参照鉴定意见确定
			LED显示单元		240975.00～283500.00	
			45台图形工作站主机、96块硬盘、北斗卫星数据中心操作台		147634.55	
		设备折旧损失费				未发表鉴定意见
		违约金				不属于我单位鉴定范围
		利息				不属于我单位鉴定范围

（三）案件当事人对工程造价司法鉴定意见的异议问题

鉴定意见书（征求意见稿）及正式稿出具后，各方当事人先后就有关问题提出异议，主要异议及回复情况如下。

1. 部分材料价格与实际采购价不符的问题

此类问题通过详细复核材料规格型号及品牌，经与当事人核对后确定。

2. 设计费计算方式的异议问题

由于证据资料缺少，鉴定机构仅对已完工程对应的设计费出具选择性意见，由法院结合庭审实际情况参照鉴定意见确定。

四、出庭作证情况

根据法院通知的规定时间，鉴定机构造价鉴定专业人员就案涉工程出庭作证，此次庭审采取互联网直播形式。

根据庭审安排，法庭调查与法庭辩论一并进行。庭审结合本案焦点问题进行，一是案涉先期工程建设合同的效力；二是案涉工程总造价金额，以及工程欠款利息应如何计算；三是被告一是否应支付 3000 万元违约金，是否应赔偿设备折旧损失费 11692442.73 元；四是被告二是否应对上述债务承担补充赔偿责任，被告三是否应对上述债务承担连带付款责任以及连带责任的范围；五是原告是否对案涉工程享有建设工程价款优先受偿权。

各方当事人先后进行答辩并对造价鉴定意见书发表意见，鉴定机构就 LED 大屏等材料设备价格、设计费、系统集成费、总包服务费等难点问题逐项进行了答复。庭审质证结束，鉴定机构与各方当事人出庭人员对庭审笔录进行签字确认。

五、心得体会

(一) 明确鉴定思路，避免激化矛盾

鉴定人在鉴定工作中，应充分了解各方当事人的利益诉求，应尊重当事人合同约定和已经达成的共识，鉴定工作应围绕双方争议的焦点展开。工程造价不同于一般商品定价，既有其科学属性，也有其社会属性，科学属性主要体现在工程量计算方面，社会属性则体现在计价工作，造价鉴定是一个技术和经济相结合的过程，鉴定人应避免以技术专家自居，无视各方当事人的诉求，导致鉴定结果超出案件的争议范围，激化矛盾。

(二) 在证据资料缺失的情况下，现场勘验工作尤为重要

计量和计价是造价鉴定的两项基础工作，本案缺少原被告认可的施工图纸、工程量清单、确认单等书面性资料，因此现场勘验对工程量的确认就尤显重要。通过细致的现场测量、清点、简图绘制，最大限度地将现场已完工程量落实到纸面上。现场勘验应注意以下几点。

(1) 勘验之前，充分熟悉案情。将所有存在争议的项目和书面证据不足的项目以清单或者表格的形式列出，勘验过程中才能有的放矢。

(2) 注意勘验工作的程序性问题。勘验的提出、组织、通知应按照鉴定规范规定的程序执行，当事人的代理律师对鉴定程序是否正确比较敏感，应避免因工作程序不严谨被当事人发难，导致勘验工作被动。

(3) 勘验工作主要是解决工程量的问题，勘验现场做好客观事实的记录。鉴定人在勘验现场应谨慎发言，不对各方的争议问题发表评论，倾听各方当事人对现场的描述，收集

有用信息，必要时进行记录。

(三) 依据鉴定规范，充分发挥鉴定人的主观能动性

在施工图纸、主要材料设备参数、认质认价单等关键证据缺失的情况下，充分依据现有条件，制订鉴定方案，在鉴定过程中要发挥鉴定人员的主观能动性。

案涉工程缺少当事人各方认可的图纸、预算清单，鉴定工作开展之前原被告几乎是"零共识"，然而"零共识"的局面恰恰是当事人各方共同面临的困境，此时需要鉴定人员从专业角度出发，提出解决方案。

例如，本案在现场勘验的过程中，北斗卫星数据中心设计有一个面积约 $500m^2$ 的 LED 大屏。如果建成，当时在国内也是首屈一指，施工现场仅施工了 LED 大屏的支架，支架主要由工厂定制的 C 型钢和角钢组成，由于缺少设计详图，各方当事人对支架的工程量存在争议。对于如何在现场快速计量出一个 $500m^2$ 大屏支架的质量，参加现场勘验的各方议论纷纷，原告提出让生产支架的厂家出具工程量证明的方案，被告不予认可，勘验工作一度陷入僵局。鉴定人员通过观察，现场提出解决方案：大屏支架由 20 种 C 型钢和角钢构件组成，构件分布具有规律性，可以清点出每种规格构件的数量，C 型钢可以测量展开面积，通过测量钢板厚度可以查出理论质量，进而计算出每种构件的单位理论质量，角钢可以直接查询理论质量。按照此方案进行勘验，计算出的理论质量和生产厂家出具的质量基本一致，勘验结果得到了各方当事人的认可，最终，存在争议的大屏支架列入了确定性意见。

(四) 回避无法定量分析项目，与法官沟通，采取定性分析法确定

关于部分设备曾经安装，因多种原因被第三方拆走的情况，智慧城市-应急指挥调度总控中心项目现场清点核对验收记录表说明 LED 显示单元曾经安装完成，因现场勘验未见 LED 显示单元工程实体，公证书说明了 LED 大屏的现状（在原告指定库房存放），公证书的关联性、有效性未能确定。基于该项事实，我单位仅对设备价格水平发表参考性意见，并与主办法官沟通，最终庭审酌情确定被告一赔偿原告设备折旧损失费 100 万元。

7. 某亲子游乐园项目工程造价司法鉴定

——河北至诚工程项目管理有限公司

田秀茹 刘文忠 吴 琼 朱宇巍

一、案情简介

2022年3月17日某科技有限公司（以下简称"申请人"）与某旅游开发有限公司（以下简称"被申请人"）就某亲子游乐园签订了购销协议，该协议约定申请人对某亲子游乐园进行设计、施工，协议书中的工程量清单列明了游乐项目、数量、单价。协议签订后申请人向被申请人提供了效果图，实际施工过程中，被申请人对亲子游乐园占地面积进行了调整，游乐项目和数量因地制宜进行了相应调整，但没有书面变更。项目竣工后，申请人和被申请人对于工程款未达成一致意见，申请人向某市仲裁委员会提起仲裁申请，并申请仲裁委员会委托有资质的鉴定机构对某亲子游乐园中游乐设备的增项、减项替换、未施工部分的工程造价进行鉴定。

二、案件争议焦点和造价鉴定难点

（一）案件争议焦点

（1）申请人提出的某些增项被申请人认为是赠送或者包含在其他游乐项目中的，不应单独计价。

（2）效果图中原有的部分游乐项目替换成了新的项目，申请人认为是经被申请人同意后的等价替换，不涉及造价的增减；而被申请人认为，新游乐项目造价较原设计项目造价低，造价应减少。

（3）某些游乐项目，被申请人认为申请人未做，不应计价；申请人认为已施工完成。

（4）对于某些游乐项目的实际施工人，申请人与被申请人未达成一致意见。

（二）造价鉴定难点

该工程没有施工图纸，效果图仅能看出游乐项目造型和位置，无法确定具体的施工做法，工程量清单中的项目特征描述得也不是很清楚，只能通过现场勘验来识别确定游乐项目的材质及施工工艺，但有些项目是隐蔽工程，通过现场勘验也难以确认。对于新增项目，证据资料中没有施工做法和具体设计参数，游乐项目一般都是非标定制的，市场询价及施工费的确定是个难点。

工程量清单中的项目特征描述不是十分清楚，某些游乐项目没有明确具体包括哪些内容，对于申请人提出的一些新增项，如攀爬护具、饲料槽子，被申请人认为应包含在成套游乐项目中，申请人与被申请人各执一词，但双方都没有提供有力的证据资料来支持自己的观点，鉴定人员对这些方面的识别比较困难。

三、鉴定情况

（一）司法鉴定委托人提供鉴定材料内容

（1）司法鉴定委托书；

（2）鉴定申请；

（3）申请人和被申请人对于鉴定材料的质证笔录；

（4）购销协议；

（5）申请人与被申请人从设计到施工阶段的微信聊天记录等鉴定材料。

（二）工程造价司法鉴定情况

1. 鉴定过程

（1）2023年7月31日，鉴定机构收到仲裁委员会关于本案的鉴定委托书，委托对某亲子游乐园中游乐设备的增项、减项替换、未施工部分的工程造价进行鉴定；

（2）2023年8月7日，鉴定机构向仲裁委员会邮寄关于鉴定需要的资料（请仲裁委员会提供合同、图纸、施工日志、签证、洽商、质量问题鉴定及修复方案）和鉴定费的回复函；

（3）2023年9月7日，应仲裁庭要求，参加对申请人和被申请人提交的鉴定证据材料的质证庭审，双方对游乐园减项达成一致意见，对增项及替换项未达成一致意见，对于被申请人此前提出的游乐园质量问题，仲裁员询问是否提出质量鉴定申请，被申请人答复不申请；

（4）因有调解意向，仲裁委员会通知暂停鉴定。因调解不成需继续鉴定，2023年9月11日，向仲裁委员会邮寄鉴定人员组成通知书；

（5）2023年9月13日，鉴定机构向仲裁委员会邮寄现场勘验通知书，确定2023年9月21日进行现场勘验；

（6）2023年9月21日，在委托人的组织下进行现场勘验，对原效果图中的游乐项目进行记录，对新增游乐项目进行测量并形成现场勘验记录，当事人签字；

（7）2023年9月25日，鉴定机构向仲裁委员会邮寄关于补充鉴定材料的函，因现场勘验过程中确定了新增游乐项目，新增游乐项目鉴定造价需要项目的施工做法及技术参数，需要补充鉴定材料；

（8）2023年10月13日，应仲裁委员会要求，参加对申请人和被申请人提交的补充鉴定证据材料的质证庭审；

（9）2023年11月14日，出具鉴定意见书（征求意见稿）；

（10）2023年11月21日，收到被申请人对于鉴定意见书（征求意见稿）的异议；

（11）2023年11月27日，收到申请人对于鉴定意见书（征求意见稿）的异议；

（12）2023年12月4日，鉴定机构鉴定人员、申请人代表、被申请人代表到仲裁委参加关于游乐设备的增项、减项、未施工部分的工程量及单价的对审；

（13）2023年12月5日，向仲裁委员会提交针对于鉴定意见书（征求意见稿）的异议的回复函；

（14）2023年12月7日，出具鉴定意见书。

2. 鉴定依据

（1）行为依据。

仲裁委员会司法鉴定委托书。

（2）法律法规及政策依据。

① 《中华人民共和国民法典》。

② 《中华人民共和国民事诉讼法》。

③ 《最高人民法院关于民事诉讼证据的若干规定》。

④ 国家、省、市相关法律法规及文件。

（3）计量与计价依据。

① 《全国统一建筑工程基础定额河北省消耗量定额》（HEBGYD-A—2012）；

② 《全国统一建筑装饰装修工程消耗量定额河北省消耗量定额》（HEBGYD-B—2012）；

③ 《河北省房屋修缮工程消耗量定额》（土建分册）（HEBGTD-G01—2013）；

④ 河北省2012年系列定额相关调整文件；

⑤ 施工期间《某市工程造价信息》、市场询价；

⑥ 现场勘验记录；

⑦ 某市仲裁委员会提供的鉴定材料。

3. 鉴定方法

本案是对游乐设备的增项、减项替换、未施工部分的工程造价进行鉴定，将施工范围明确、实际施工人无争议的部分列为确定性意见；将证据材料判定存在争议的部分列为选择性意见，具体如下。

（1）确定性意见。

① 增项部分。

a. 儿童电动拖拉机：合同中儿童电动拖拉机的数量是6台，申请人认为其实际购买8

台，比合同约定增加2台。被申请人认可儿童电动拖拉机的数量是7台，比合同约定增加1台。被申请人认为多出来的两台儿童电动拖拉机是因为合同约定的6台之中有1台无法使用，替换了1台。勘验时现场共有7台儿童电动拖拉机，证据中没有关于被申请人要求购买8台的资料，所以本次造价鉴定将比原合同多出来的1台儿童电动拖拉机造价计入增项，单价按合同约定5500元/台计算。

b. 猪萌萌门头地面：经现场勘验测量，猪萌萌门头周围2cm厚塑胶地面工程量为60.85m²，猪萌萌门头周围1.5cm厚塑胶地面工程量为196.96m²，经定额组价塑胶地面工程造价为57633.94元，原合同中猪萌萌门头地面为21000元。塑胶地面是由申请人施工的，双方没有争议，所以将增项金额57633.94－21000＝36633.94（元）计入确定性意见。

c. 不锈钢入口门：原合同中没有，但申请人申请增加。经现场勘验，没有不锈钢入口门，但被申请人认可申请人曾经安装过，后期被申请人进行了更换。经市场询价，申请人主张的3000元符合市场行情，所以将该项按3000元计入确定性意见。

d. 鹅、鸭防雨棚，鸵鸟防雨棚，鸵鸟加高栏，钢木结合趣味拱坐：原合同中没有，现场对鹅、鸭防雨棚，鸵鸟防雨棚，鸵鸟加高栏，钢木结合趣味拱坐进行了测量，型号材质经申请人、被申请人双方确认，双方均认可该项是由申请人施工的，通过计算该项造价为5566.30元，计入确定性意见。

e. 两座水桥：原合同中没有，现场有2座水桥，通过市场询价，申请人主张的水桥价格8000元/座符合市场行情。申请人提交的证据中"猪萌萌乐园增项价格鉴定内容"中显示，申请人认可该项在施工时属于赠送项，所以该项不在增项中计价。

f. 海盗船：合同约定海盗船的规格为主体船约11m×2.2m×4.5m，申请人认为实际海盗船为长约11m×宽4m×4.5m，比合同约定大，需要增加造价。现场勘验船身主体柱边宽2m，船身屋檐宽2.3m，船身楼梯长1.2m。证据中没有相关变更资料。合同约定主体船约2.2m，按照常识楼梯作为附属部位其长度不应算在主体船宽度内，所以现场实际主体船宽与合同约定基本相符，此项增加造价为0元。

g. 帐篷营地秋千：合同约定蝴蝶造型秋千尺寸为2m×2.5m，猪猪造型秋千尺寸为2m×2m，申请人认为实际施工的秋千造型最外围尺寸达到3.5m×3.5m，比合同约定尺寸大，需要增加费用。合同中没有明确秋千细部的具体尺寸，但现场勘验测量发现秋千主体外的造型宽度约为1.5m，高度约为1.5m，如果合同中约定的秋千尺寸为造型最外围尺寸，则不能满足秋千的使用要求，所以合同约定的尺寸为秋千主体尺寸更为符合常理，因此得出秋千实际施工尺寸与合同约定基本相符，此项增加造价为0元。

② 未施工部分。

a. 矮马区小门头：现场仅有一块小猪造型的门头板放在地上，经申请人与被申请人指认，该门头板为矮马区小门头，被申请人认可该门头板为申请人制作，但因为现场取消了矮马养殖区，所以门头未完成，所以矮马区小门头仅计算该门头板的材料费及制作费，经计算造价为958.75元，则该项减少造价2500－958.75＝1541.25（元）。

b. 萌宠主题区门头：被申请人在质证意见中指出萌宠主题区门头未施工，但现场勘验过程中发现萌宠主题区小猪造型的门头安装完成，是因为被申请人的原因萌宠区未投入运营，所以该项没有造价减少。

c. 矮马区内部小围栏、风车休闲区猪猪造型玻璃钢雕塑、水乐园区三角伞等九项内容：经现场勘验，未发现这些内容，申请人认可其未施工，按合同单价计算，减少造价44250元。

d. 网红游乐区赛猪区域猪造型：合同约定赛猪区域有3个轨道，每道长50m，有3个猪造型。现场赛猪区域有5个轨道，每个轨道长15.5m，另外每个轨道上均有一个小动物造型的座椅。申请人认为合同中的猪造型就是轨道上的小动物造型座椅，现场有5个轨道、5个小动物造型座椅，所以应该增加造价。被申请人认为合同中的猪造型是其他的雕塑造型，现场没有雕塑造型，应该减少造价。合同中没有明确猪造型具体指什么，无法准确分辨哪方的说法是正确的。经鉴定小组内部讨论，现场轨道长度与合同约定不同，从根源上属于变更，应重新组价，解决了申请人与被申请人的争议焦点。经市场询价，轨道和座椅的材料及安装费为4600元/道，该项的减少造价为42000+8000+24000－4600×5＝51000（元）。

（2）选择性意见。

① 增项部分。

a. 猪萌萌门头地面：经现场测量，猪萌萌门头12cm水泥地面工程量为60.85m^2，猪萌萌门头10cm水泥地面工程量为229.15m^2，经定额重新组价后水泥地面工程造价为19602.18元，对于水泥地面是由申请人施工还是由被申请人施工，双方存在争议，根据现有证据材料鉴定机构无法准确判断该部分的实际施工人，将猪萌萌门头水泥地面造价计入选择性意见，如果猪萌萌门头水泥地面是申请人施工的，则比合同额增加19602.18元；如果猪萌萌门头水泥地面是由被申请人施工的，则不增加造价。

b. 饲料棚：现场有一个长2m、宽1.28m、高2m的饲料棚，被申请人认为该饲料棚不是申请人制作安装的，申请人认为该饲料棚的人工、龙骨是其提供的，根据现有证据，鉴定机构无法判断该饲料棚的实际施工人，故将此项的人工费、龙骨材料费计入选择性意见，通过计算该部分造价为3005.38元。

c. 饲料槽子：现场有2个1m长的饲料槽子，被申请人认可是申请人制作安装的，但被申请人认为饲料槽子应包含在萌宠乐园套餐费用中，不应单独计价。合同中萌宠主题区没有对饲料槽子的约定，所以本次鉴定将饲料槽子计入选择性意见，通过市场询价，饲料槽子单价按200元/个计算，该项造价为200×2＝400（元）。

d. 松鼠：现场勘验未发现松鼠，被申请人认可申请人购买过3只松鼠，但被申请人自述松鼠是申请人赠送的。合同中没有对于松鼠的约定，根据现有证据也无法确认松鼠的价格，按申请人主张的580元计入选择性意见。

e. 勾机、泥瓦匠、借铁料、租焊机、机器人基础用水泥：申请人认为被申请人使用了申请人的机械、人工和材料，根据现有证据，无法确认被申请人是否使用了申请人的机械，通过市场询价，申请人主张的机械台班单价、人工单价和材料价基本符合市场行情，按申请人主张的费用 5970 元计入选择性意见。

f. 林间探险专用安全套装：申请人认为增加了 10 套林间探险专用安全套装，现场勘验时发现一件 5 孔安全带，没有看到套装中的其他物品。被申请人认为林间探险专用安全套装属于林间探险这一游乐项目中的保护措施，不属于增项。合同中林间探险项目未明确包含内容，根据现有证据无法判断该安全套装是否属于增项。经市场询价，确认申请人主张的安全套装 258 元/套符合市场行情，由于现场只看到一件 5 孔安全带，所以该项按 258 元/套×1 套＝258 元计入选择性意见。

② 减项替换部分。

a. 水乐园区摔泥巴区：现场没有摔泥巴区，对应位置为水池。申请人认为是被申请人取消了摔泥巴区并让其施工了水池，被申请人说水池不是申请人施工的，而是被申请人自己施工的。现场勘验对水池尺寸进行了测定但无法准确确定水池的施工做法，按申请人提供的水池做法计算造价为 13737.35 元，由于申请人与被申请人对于水池的实际施工人存在争议，根据现有证据材料鉴定机构无法准确判断水池的实际施工人，所以出具选择性意见。如果按照申请人所述水池是申请人施工的，则比合同额减少 33750－13737.35＝20012.65（元）；如果按照被申请人所述水池是被申请人施工的，则比合同额减少 33750 元。

b. 帐篷营地樱花树秋千：现场没有樱花树秋千，但相应位置有叶片攀爬，经市场询价和定额套项，叶片攀爬价格为 12761.61 元。申请人认为是按被申请人的要求将樱花树秋千更换成了叶片攀爬，属于等价替换，不涉及造价的增减。证据中的微信聊天记录显示，被申请人与申请人商议想更换樱花树秋千，申请人推荐了叶片攀爬，被申请人接受了申请人的建议，但双方未谈及价格，所以不能完全确认被申请人同意叶片攀爬等价替换樱花树秋千，所以出具选择性意见。如果按照申请人所述叶片攀爬是等价替换樱花树秋千，则帐篷营地樱花树秋千减少造价 0 元；如果按照被申请人所述叶片攀爬不是等价替换樱花树秋千，则帐篷营地樱花树秋千减少造价 35000－12761.61＝22238.39 元。

③ 未施工部分。

a. 洗手池：原合同清单是 4 个洗手池，现场勘验有 5 个洗手池，根据合同造价为 2000 元/个。申请人和被申请人对于这个 5 个洗手池的实际施工人存在争议，根据现有证据资料鉴定机构也无法判断洗手池的实际施工人，所以出具选择性意见，如果按照申请人所述 5 个洗手池均是申请人施工的，则比合同额增加 1 个洗手池造价 2000 元；如果按照被申请人所述 5 个洗手池均是被申请人施工的，则比合同额减少 8000 元。

4. 鉴定意见

(1) 确定性意见。

① 增项部分增加造价：50700 元；

② 未施工部分减少造价：96791 元。

(2) 选择性意见。

① 如果猪萌萌门头水泥地面是申请人施工的，则比合同额增加 19602.18 元；如果猪

萌萌门头水泥地面不是申请人施工的，则比合同额增加 0 元。

② 如果饲料棚是申请人施工的，则比合同额增加 3005.38 元；如果饲料棚不是申请人施工的，则比合同额增加 0 元。

③ 如果饲料槽子不含在萌宠乐园套餐费用中，则比合同额增加 400 元；如果饲料槽子含在萌宠乐园套餐费用中，则比合同额增加 0 元．

④ 如果松鼠不属于赠送，则比合同额增加 580 元；如果松鼠属于赠送，则比合同额增加 0 元。

⑤ 如果被申请人使用了申请人的机械、人工和材料，则比合同额增加 5970 元；如果被申请人没有使用申请人的机械、人工和材料，则比合同额增加 0 元。

⑥ 如果林间探险专用安全套装不包含在林间探险这一游乐项目中，则比合同额增加 258 元；如果林间探险专用安全套装包含在林间探险这一游乐项目中，则比合同额增加 0 元。

⑦ 如果水池是申请人施工的，则比合同额减少 20012.65 元；如果水池不是申请人施工的，则比合同额减少 33750 元。

⑧ 如果叶片攀爬是等价替换樱花树秋千，则比合同额减少 0 元；如果叶片攀爬不是等价替换樱花树秋千，则比合同额减少 22238.39 元。

⑨ 如果 5 个水池是申请人施工的，则比合同额增加 2000 元；如果 5 个水池不是申请人施工的，则比合同额减少 8000 元。

（三）案件当事人对工程造价鉴定意见的异议问题

1. 申请人意见

（1）儿童电动拖拉机：现场未发现第八台，但儿童电动拖拉机上标有序号，序号至 8 号，证明产品第 1~第 8 台已经进行使用。

回复：现场仅有 7 台儿童电动拖拉机，没有证据资料显示申请人实际购买了 8 台，所以鉴定意见书中计算 7 台。

（2）鹅、鸭防雨棚：造价不准确。成本计算如下。

每套规格：长 3.45m、宽 2m、高 1.8m。

每套用料：4m 长×8.5cm 宽×3cm 厚整料用了 25 根×26 元/根=650 元成本，立柱和底框用 4m 长×8.5cm×3.8cm 宽整料 6 根×33 元/根=198 元。钉半盒 5 元，防腐漆 10 元。

每套人工：2 个木工每套用工 1 个半工 400 元×1.5=600 元。

因此每套的制作成本为 1463 元，共计 1463 元×2 套=2926 元。

回复：鉴定意见书中是根据现场勘验数据计算工程量，然后进行定额套项计算造价。如有不同意见，可以进行四方对审。

（3）网红游乐区赛猪区域猪造型、电柜：造价不准确。仅以产品设备本身的价格来定价，该游乐园项目均为现场非标定制，本公司的规划费、管理费、产品运输费，包括基础

（材料与人工）的代付费（基础达到1m宽将近4m长，深度0.5m），预埋件的费用，都应计算在造价内。一般市场所指安装费用并不包含运输与基础、人工的食宿。合同约定甲方提供食宿，实际只提供宿，未提供食。无动力游乐的市场行情是波动的，按当时刚刚流行的行情与现在的市场材料成本进行比对确定造价不正确，应该按合同约定。

回复：鉴定意见书中的赛猪单价4600元/道是根据现场实际情况进行多方询价所得，已包含设备费、运费及安装费。

（4）两座水桥：是申请人购买产品，施工时与被申请人商议赠送给他们的前提是需要正常支付水乐园所有款项，现在被申请人没有按合同约定支付水乐园款项，所以申请人就不赠送了。

回复：申请人提交的"猪萌萌乐园增项核算表"注明两座水桥"当时说是赠送，因其违约不给钱，现不算入赠送产品"，可以看出施工当期双方已谈妥两座水桥为赠送，所以鉴定意见书总价未包含水桥造价。

2. 被申请人意见

林间探险专用安全套装应包含在林间探险项目中，不应单独计价。

回复：合同工程量清单中并没有写明在林间探险项目中包含林间探险专用安全套装，申请人认为增加了10套林间探险专用安全套装，现场勘验时只有一件5孔安全带，所以鉴定意见书按1套林间探险专用安全套计入造价，即258元。

四、出庭作证情况

在仲裁委员会的组织下，鉴定机构当庭对申请人、被申请人的异议进行了解释，并针对鉴定意见书中的工程量计算、定额套项问题进行了对审，申请人、被申请人对造价未提出异议。

后期基于鉴定机构出具的鉴定意见书，申请人、被申请人达成了和解，向仲裁委员会提交了撤回仲裁申请书的申请。

五、心得体会

本次鉴定中，案涉工程为亲子游乐园，涉及的游乐设备并不常见。本案的鉴定难点之一是设备的询价，由于该亲子游乐园的设施都是非标定制的，双方签订的购销协议不是很规范，证据中没有详细的设备参数，鉴定人员在现场勘验时对各设施的细部尺寸、材质、型号都进行了详细的记录，并结合国家相关验收标准，向多个厂家进行询价，将厂家出具的效果图与现场实际情况进行反复对比，最大限度地确保询价结果与现场实际情况相符，为鉴定意见的准确性奠定了基础。

本次鉴定工作的圆满完成，一方面协助仲裁委员会成功地化解了申请人与被申请人的矛盾和纠纷，另一方面对鉴定人员也是一个非常好的业务实践，增加了对游乐园工程造价纠纷的处理经验，进一步强化了鉴定人员的业务技能，强化了对工程造价鉴定业务的相关原则、鉴定方法的掌握，取得了好的成效，特别是对涉及非标定制设备造价纠纷的处理有一定的启示和借鉴，主要包括以下几个方面。

(一) 严格遵守《建设工程造价鉴定规范》(GB/T 51262—2017) 是保障鉴定工作顺利实施的基础

我们在实施鉴定工作过程中深切地体会到《建设工程造价鉴定规范》(GB/T 51262—2017) 的重要性，该规范系统地给出了实施工程造价鉴定的原则、基本规定、鉴定流程等内容，对于造价鉴定工作有着很强的指导意义。结合本案的鉴定工作，牵涉计量争议、计价争议，又夹杂着合同争议和证据欠缺的情况，造价金额不大但复杂程度不低，我们严格遵守《建设工程造价鉴定规范》(GB/T 51262—2017) 的相关条款，分别就每一个具体争议点制定相应的鉴定方法，鉴定人员自己有法可依、有章可循，按《建设工程造价鉴定规范》(GB/T 51262—2017) 给纠纷当事人进行解释，为鉴定工作的顺利实施奠定了良好的基础。

(二) 强化程序意识和风险意识至关重要

收到鉴定材料后，鉴定小组务必要深入研究庭审笔录和证据，了解案件情况，明确鉴定范围、事项及要求，判断委托内容是否存在问题或是否表述清晰，如不清晰应请委托人进一步明确，以免影响鉴定进程和鉴定结果的准确性；如果清晰鉴定小组通过阅读案件资料、分析案情、参加庭审、进行案件询问调查等方式，进一步了解双方诉求，确定双方争议焦点，制订鉴定方案，按方案开展鉴定工作，把鉴定重点放在争议焦点上。针对委托内容进行鉴定，避免超出委托范围。在现场勘验时，注意参与人员的合法性，特别是勘验笔录务必由有权签字的人员签字，规避鉴定风险。

本案现场勘验过程中双方当事人的敌对情绪较浓烈，多次出现争吵的现象。司法鉴定过程中遇到的当事人是多种多样的，面对情绪比较激动的当事人，为保证鉴定的顺利进行，要理性对待，尽量安抚双方情绪，避免激化矛盾，从专业的角度向当事人说明情况，让当事人从心理上对鉴定人员的专业度产生信任。

(三) 准确把握鉴定意见类型的适用，降低鉴定风险

鉴定规范中给出了几种鉴定意见类型，包括确定性意见、推断性意见、选择性意见。本次鉴定中，根据证据情况分别使用了确定性意见和选择性意见两类。

对于证据无争议、施工范围无争议的项目，出具确定性意见。

对于证据有争议、仲裁委员会未明确采信的情况，分别按照争议双方对证据的理解和主张，采用选择性意见，并给出了明确的适用条件，便于仲裁庭裁决时使用。这一点是非常重要的，如果不写明选择性意见的适用条件，仲裁庭在裁决时会存在疑问，无法准确裁决，那就说明鉴定意见有瑕疵，没有完美实现造价鉴定的目标。

（四）"以鉴代审"的规避

杜绝"以鉴代审"是对每一个造价鉴定人的要求。我们在鉴定工作中要高度关注"以鉴代审"现象，从制度上、组织上采取措施，坚决杜绝在鉴定实务中出现"以鉴代审"，所有鉴定材料都应是由仲裁委员会转交的经过质证的资料，坚决杜绝私自接收案件双方当事人提供的资料。对于案件双方有争议的证据，应提请仲裁委员会确定证据的"三性"（典型例子如洽商签证签字盖章不全），如果仲裁委员会不能给出明确答复，则应按不同情况出具选择性意见，出具选择性意见或推断性意见时，应与仲裁员沟通解释，让仲裁员清楚明白，以利正确裁决。

（五）依据案件需要组建鉴定小组

鉴定小组成员至关重要，决定着鉴定工作能否按时保质保量完成。鉴定小组成员既要拥有丰富的专业知识，又要拥有较强的责任心和良好的职业素养。

（六）案涉工程造价纠纷产生的根源对于造价咨询机构开展全过程造价管理有着较强的启示作用

本案的鉴定工作虽然结束了，但是导致当事人之间产生纠纷的原因值得我们深思，我们认真地进行了总结，在招投标期间招标文件的严谨性、工程量清单的严谨性、合同条款的严谨性等方面，既值得发承包双方思考，也值得造价咨询机构和造价工程师深思，去汲取经验教训。如何从源头上避免这些纠纷的发生，是每一个从业人员的基本技能。

（七）鉴定意见

鉴定意见，作为一个非常有证明力的证据，必须要求鉴定人员熟读案卷，熟悉案情，清楚判断双方争议焦点，充分解读仲裁庭裁决需求，鉴定意见表述要尽量详细，以利于仲裁庭的裁决。由于仲裁员在工程造价方面并不专业，无法准确拆分造价数据，鉴定人员应避免因此产生补充鉴定，从而导致延长案件的裁决时长。

8. 某住宅项目争议工程造价司法鉴定

——河北三源安泰工程造价咨询有限公司

国丽慧　赵金叶　范晓翠　朱璇　刘若昕

一、案情简介

原告为钱某某；被告一为某房地产开发有限公司，被告二为某建设开发总公司。

法院审理查明，原告为实际施工人，被告一为合同发包人、被告二为合同承包人。

2016年10月，两被告共同安排原告组织人员进场施工。2017年3月，两被告签署了《河北省建设工程施工合同》（001号）和《河北省建设工程施工合同》（002号），同时安排被告二与原告签署《建设工程施工承包管理责任书》，约定由原告对诉争项目自主管理、独立核算、自负盈亏。2017年4月17日，就14～23#楼及北区车库防水工程签订《防水工程施工合同》，约定合同总价为4071957元；就车库顶板增加非固化（橡胶）沥青防水涂料签订《防水工程施工合同补充协议》，约定合同总价为535500元。2017年7月3日，就14～18#楼、20#、22#、23#楼及车库签订《工程施工协议》，作为备案合同的补充协议，约定施工图范围内固定总价为163582085元，进度款包含调整价款。之后就复合保温外模板采购施工签署了《工程施工协议》的《补充协议》，约定合同总价为908674元。

2018年，两被告与原告协商，确定了外墙保温砂浆及线条专项工程款为10400000元，原告即进行施工，但并未签订施工合同。

2018年底，原告施工范围内除部分零星工程外工程基本完工，主体结构均已通过验收，后进入半停工状态。

2019年，被告一启动北区其直接发包分项工程的施工，原告配合于2019年8月完成竣工交付，提交了竣工结算资料，被告一未进行结算审核。

2019年3月，南区即处于停工状态。

2019年10月，被告一书面明确因总体规划、结合销售情况，剩余工程暂停施工，所剩工程暂停施工至今，复工日期未予确定。

2019年12月6日，原告向被告一提交了结算申请，至今无果，原告提起诉讼。

二、案件争议焦点和造价鉴定难点

（一）案件争议焦点

（1）"挂靠"施工的实际施工人作为原告主体是否适格，是否可以主张工程款。

被告二某建设开发总公司，承包工程后，以项目部的方式间接将工程转包给原告，由原告自主管理、独立核算、自负盈亏，约定内容是"挂靠"施工的法定形态，《中华人民共和国建筑法》《最高人民法院关于审理建设工程施工合同纠纷案件适用法律问题的解释》等多部法律明令禁止借用资质承揽工程，故案涉工程施工签订的一系列合同、协议无效。

《最高人民法院关于审理建设工程施工合同纠纷案件适用法律问题的解释（二）》第十一条规定：当事人就同一建设工程订立的数份合同均无效，但建设工程质量合格，一方当事人请求参照实际履行的合同结算建设工程价款的，人民法院应予支持。因此钱某某作为该案原告主体适格，有权主张工程款。

（2）针对工程中已施工，但未完工、未达到验收条件的项目，部分已实施，但协议、变更洽商、确认单不全等项目是否应予工程款支付。因工程未完工，故以上佐证材料欠缺的项目有争议。

（二）造价鉴定难点

1. 合同外新增内容无书面协议

由于外墙保温砂浆及装饰线条未包括在原合同固定总价范围内，至今未签订书面施工协议，现场勘验时被告一未正面进行解释，仅表示"没有签订施工合同，与本案无关"，致使鉴定机构无法判断实际施工人。

2. 未施工项的措施费

合同为固定总价合同，合同约定"措施费一次性包干，结算时不予调整；合同及图纸范围内工程变更、洽商不计取措施费用"，未施工项是否计取措施费是本案鉴定中的难点。

3. 停工损失的确定

本案被告一下发的工作联系单中"指令所有剩余工程暂停施工"，可判断停工原因由被告一引起，故应计取相关的停工损失。但工作联系单未明确具体复工时间，且无相关资料显示要求原告退场。结合现场存在未施工项情况，原告主张的现场留有部分施工人员、管理人员、看管人员等待复工符合逻辑，但未提供经监理和被告确认的数量、时间以及工资银行发放流水等相关证据材料，因此停工损失的鉴定为本案鉴定的一个难点。

三、鉴定情况

(一) 司法鉴定委托人提供鉴定材料内容

(1) 司法鉴定委托书；
(2) 起诉状；
(3) 施工合同及补充协议；
(4) 施工图纸；
(5) 设计变更、洽商单、施工方案等；
(6) 材料认价单；
(7) 形象进度审核表、项目停工证明。

(二) 工程造价司法鉴定情况

1. 鉴定过程

(1) 2022年1月26日，鉴定机构收到鉴定委托书；
(2) 2022年5月17日，收到鉴定材料；
(3) 2022年6月6日，收到补充鉴定材料；
(4) 2022年6月16日、7月1日，收到法院转来的当事人质证意见；
(5) 2022年8月5日，由法院组织勘验现场；
(6) 2022年12月10日，鉴定机构出具了《某某某住宅改造一期工程项目鉴定意见书》(征询意见稿)；
(7) 2023年1月29日，鉴定机构收到了法院转来的当事人对《某某某住宅改造一期工程项目鉴定意见书》(征询意见稿)的异议书；
(8) 2023年2月15日至2月17日，法院组织双方当事人与鉴定机构就《某某某住宅改造一期工程项目鉴定意见书》(征询意见稿)所涉内容进行了核对；
(9) 2023年3月10日，法院提交了补充鉴定材料和听证笔录；
(10) 2023年3月15日，鉴定机构收到了补充鉴定材料的质证意见；
(11) 2023年3月21日，鉴定机构出具了《某某某住宅改造一期工程项目鉴定意见书》。

2. 鉴定依据

(1) 法院司法鉴定委托书；
(2) 法院送鉴材料；
(3) 《全国统一建筑工程基础定额河北省消耗量定额》(HEBGYD-A—2012)；
(4) 《全国统一建筑装饰装修工程消耗量定额河北省消耗量定额》(HEBGYD-B—2012)；
(5) 《全国统一安装工程预算定额河北省消耗量定额》(HEBGYD-C—2012)；
(6) 《全国统一市政工程预算定额河北省消耗量定额》(HEBGYD-D—2012)；

(7)《河北省房屋修缮工程消耗量定额》(土建分册)(HEBGYD-G01—2013);

(8)《河北省建筑、安装、市政、装饰装修工程费用标准》(HEBGFB-1—2012)。

(9)与本案鉴定相关的其他材料。

3. 鉴定方法

(1)合同内已完工程鉴定方法。

依据施工图纸、现场勘验记录以及建筑工程施工合同、补充协议等证据材料,按照河北省消耗量定额进行计量计价,出具确定性意见。

(2)工程已经实际实施完成,但鉴定材料提供不完整的工程的鉴定方法。

关于防水工程,通过现场勘验,确定了实际防水施工范围,形成勘验记录,计入确定性意见。

(3)现场实际已施工,但不确定施工人的鉴定方法。

关于外墙保温砂浆工程,根据现场勘验记录第3条,原告意见为按照提供的保温砂浆合同(未盖章)附件清单做法施工;被告一意见为没有签订施工合同,与本案无关。由于双方未达成一致意见,根据现场勘验记录,关于保温砂浆的实际施工范围,EPS线条100mm×150mm按独立费项目价格确认单进行计价,列为选择性意见。其他无认价部分按合同清单价格计价,列为选择性意见。

(4)序号28,32洽商鉴定方法。

因洽商塔吊基础附图中钢筋仅为示意,未注明具体规格型号,由于钢筋必然发生,但具体信息不明确,鉴定意见参考常规塔吊基础方案配筋直径及间距计入推断性意见。

(5)除序号28,32外,其他洽商、签证等鉴定方法。

因只有指令单,无费用确认单,且现场勘验无法核实是否按照指令实施完成,根据现场勘验记录第6条,原告意见为现场已按照指令单实施完成;被告一意见为没有盖章的确认单或者费用确认单均不认可已按照指令单实施完成,鉴定意见书出具选择性意见。

(6)停工导致的各项损失费的鉴定方法。

第一,关于因被告一原因停工的损失,2019年10月15日工作联系单"根据我司项目总体计划,结合目前公司的销售情况,公司决定对南区20#、22#、23#楼所有剩余工程暂停施工,何时恢复施工由公司工程部下发通知",由于该工作联系单无具体停工及复工日期,结合原告提供的送鉴材料,2019年8月后停工期间窝工费用明细表,鉴定意见书中停工开始时间按工作联系单下发日期2019年10月15日考虑,窝工停止时间按2020年12月21日考虑,数量按2019年8月停工期间窝工费用明细表中数量计入,工人窝工期间按照同期最低工资标准计入,管理、后勤人员按照原告提供的送鉴材料,即环保二级响应汇总表中注明的工资的60%计入,安保人员按正常工资计入。

第二,关于扬尘治理期间的各项损失,扬尘治理天数根据工程所在地发布的重污染Ⅱ级响应相关文件统计及塔吊拆除的联系单(扣除洽商/签证序号22重叠时间)计算,依据2020年河北省住房和城乡建设厅等四部门联合发布的《关于加强建筑工程造价风险控制的通知》中"因大气污染防治等政策性停工所产生的费用,发承包双方应以签证方式进行确认，工期相应顺延，费用由双方协商，合理分摊"的原则，窝工人员、材料、机械在场数量按原告提供的送鉴材料数量的50%计入，扬尘治理期间工人窝工按照同期最低工资标准计入，管理、后勤人员参考送鉴材料环保Ⅱ级响应汇总表中注明的工资的60%计入，保安人员按正常工资计入，材料租赁费按同期市场价计入，机械停滞费按送鉴材料租赁合同月租价的60%计入。

第三，关于2016年正式开工前班组退场补助费用，由于工程联系单均无具体的进退场人数、机械在场时间和工人所在地信息无法计算具体费用，故退场及补助费用按送鉴材料数量计入。安保人员、管理人员和塔吊数量按送鉴材料数量计入。安保人员、管理人员和塔吊在场时间结合施工方案和送鉴材料，数量按3个半月计入，管理、后勤人员工资参考送鉴材料环保Ⅱ级响应汇总表中注明的工资的60%计入，安保人员工资按正常工资计入。

第四，关于2021年1月1日及以后工地照管，鉴定意见书按2023年2月17日核对记录第19条的数量及时间（2021年1月1日至2023年2月17日）计入，工资参考安保人员工资计入。

4. 鉴定意见

（1）确定性意见。

范围包括防水工程、外墙复合模板保温工程、设计变更、材料调差、车库新旧图差、《工程施工协议》项下未施工部分（含2023年2月17日核对记录第4、第14条未在总包范围的内容）。

① 防水工程：工程造价为3887806.78元；

② 外墙复合模板保温工程：工程造价为7733592.38元；

③ 《工程施工协议》中工程增加、变更及材料调整：工程造价为14119529.77元；

④ 《工程施工协议》项下未施工部分：工程造价为－5479798.71元。

（2）推断性意见。

范围包括洽商/签证序号28、洽商/签证序号32。

① 《工程施工协议》中工程增加、变更及材料调整中洽商/签证序号28（确认单有签字）：工程造价为19192.34元；

② 《工程施工协议》中工程增加、变更及材料调整中洽商/签证序号32（确认单有签字）：工程造价为193185.89元；

（3）选择性意见。

范围包括外墙保温砂浆、洽商/签证（无确认单）、因被告一原因造成停工损失、扬尘治理期间的各项损失。

① 外墙保温砂浆：工程造价为7301344.54元；

② 《工程施工协议》中工程增加、变更及材料调整中洽商/签证（无确认单）：工程造价为3955763.03元；

③ 因被告一原因停工损失：原告申请诉讼损失为4877790.00元，鉴定意见计算工程造价为1424024.39元；

④ 扬尘治理期间各项损失：原告申请诉讼损失为 4115717.00 元，鉴定意见计算工程造价为 2501699.67 元；

⑤ 2016 年正式开工前班组退场补助费用：原告申请诉讼损失为 1226250.00 元，鉴定意见计算工程造价为 909450.00 元；

⑥ 2021 年 1 月 1 日及以后工地照管：鉴定意见计算工程造价为 223232.00 元。

鉴定意见工程造价汇总表见表 8-1。

表 8-1 鉴定意见工程造价汇总表

序号	意见划分	项目		工程造价（元）
1	确定性意见	防水工程		3887806.78
2		外墙复合模板保温工程		7733592.38
3		《工程施工协议》中工程增加、变更及材料调整	设计变更	6193100.26
4			车库新旧图差	4305331.25
5			材料调差	3621098.26
6			小计	14119529.77
7		《工程施工协议》项下未施工部分		-5479798.71
8		合计		20261130.21
9	推断性意见	《工程施工协议》中工程增加、变更及材料调整	洽商/签证序号 28（确认单有签字）	19192.34
10			洽商/签证序号 32（确认单有签字）	193185.89
11	选择性意见	外墙保温砂浆		7301344.54
12		工程施工协议中工程增加、变更及材料调整中洽商/签证（无确认单）		3955763.03
13		因被告一原因停工损失（鉴定意见根据相关资料计算的金额为 1424024.39 元，原告申请诉讼金额为 4877790.00 元）		1424024.39
14		扬尘治理期间各项损失（鉴定意见根据相关资料计算的金额为 2501699.67 元，原告申请诉讼金额为 4115717.00 元）		2501699.67
15		2016 年正式开工前班组退场补助费用（鉴定意见根据相关资料计算的金额为 909450.00 元，原告申请诉讼金额为 1226250.00 元）		909450.00
16		2021 年 1 月 1 日及以后工地照管		223232.00

（三）案件当事人对工程造价司法鉴定意见的异议问题

鉴定意见书（征询意见稿）出具后，当事人先后就有关问题提出异议，主要异议及回复情况如下。

1. 未施工措施费分摊扣除问题

与双方当事人解释具体未施工项与原合同固定总价部分的关系，双方达成一致意见，同意鉴定意见书（征询意见稿）不扣除措施费。

2.具体工程量的差异

此类问题在与双方当事人核对过程中均已解决。

关于水电费、质量不合格事项、罚款的扣除，此部分已超过鉴定委托范围，未对该项内容进行鉴定。

四、出庭作证情况

鉴定机构出具鉴定意见书（征询意见稿）后就双方当事人提出的异议，在委托人的组织下，与双方当事人进行核对，就异议问题基本达成一致意见，该核对记录作为鉴定的依据，出具正式鉴定意见书后双方对鉴定意见均无异议，故法院未要求鉴定机构出庭。

鉴定机构于2023年3月21日出具鉴定意见书后，2023年5月15日，法院依法判决原告部分诉讼请求成立，并采信鉴定意见书中的造价鉴定意见。

五、心得体会

(一) 公平透明的原则、公正的立场，是做好司法鉴定的前提

在征得委托人同意的前提下，让案涉各方当事人充分地参与鉴定过程，体现鉴定工作的公平透明；尊重双方的诉求，了解双方当事人的真实想法，运用专业的造价技能，独立、公正地进行工作，将双方的争议最大限度地在庭外解决，发挥鉴定人在鉴定工作中的专业作用。

例如，案涉工程未施工项对应的措施费，合同为固定总价合同，合同约定"措施费一次性包干，结算时不予调整"，且约定未完成项按照工程变更、洽商的计价办法进行计价予以扣除，案涉工程的变更洽商的计算未单独计取措施费，故未完成项的措施费也不应另行扣减。

(二) 确定性、推断性和选择性意见合理的划分，是造价鉴定重点工作之一

在委托人的组织下，鉴定人和双方当事人，就专业问题进行核对，最大限度地计入确定性意见，可以减少庭审的争议。

所鉴定事项内容客观、事实清楚、证据不够充分的应计入推断性意见，委托人会根据其余佐证材料，客观地做出选择。

当鉴定事项双方证据矛盾，且证据均不完全充分，事实不清时，应计入选择性意见，由委托人判断使用。

（三）法律更替阶段，要充分理解、应用新法不溯及既往的原则

建筑工程纠纷案，一般持续时间较长，跨越了《中华人民共和国民法典》的颁布施行前后，根据《最高人民法院关于适用〈中华人民共和国民法典〉时间效力的若干规定》第一条，应用新法不溯及既往的原则。在目前阶段，关注所适用的法律，是鉴定工作的关键。

9. 某城市住宅小区项目工程造价司法鉴定

——河北衡信滨海工程项目管理有限公司

郭艳军　郭　鑫　于安琪　王　岚　杨海航

一、案情简介

原告为总包方；被告为发包方。

2012年4月28日，本案原告与被告签订了《建设工程施工合同》。合同约定，承包范围为某住宅小区A区1～13#楼及一期地下车库的土建、给排水、采暖、强弱电工程，开工日期为2012年5月8日（以开工报告为准），竣工日期为2013年4月23日（多层）、2013年9月20日（小高层）。合同价款为可调价格形式，约定结算方式为：以工程施工图及变更洽商等资料为基础，依据河北省建设厅2008年颁布的《全国统一建筑工程基础定额河北省消耗量定额》（HEBGYD-A—2012）、《全国统一建筑装饰装修工程消耗量定额河北省消耗量定额》（HEBGYD-B—2012）、《全国统一安装工程预算定额河北省消耗量定额》（HEBGYD-C—2012）、《河北省建筑、安装、市政、装饰装修工程费用标准》（HEBGFB-1—2012）进行结算，如遇政策性调整甲乙双方另行协商。

2012年5月至8月，原被告双方将上述工程分成三个标段，通过邀请招标方式履行了招投标程序，签订了相应施工合同并履行了备案。合同约定承包范围均为相应标段的土建、给排水、采暖、强弱电工程，约定开竣工日期分别为一标段2012年5月30日至2013年4月20日；二标段2012年8月15日至2014年5月15日；三标段2012年8月28日至2015年4月8日。合同为固定价格合同，对价款调整方式也做了相应约定。

因工程结算价款争议，总包方申请对该项目结算金额进行造价鉴定。为查明案情，2018年6月21日，法院委托本机构对该项目依据2012年4月28日签订的合同以及备案合同分别对结算金额进行工程造价鉴定。

接受鉴定委托后，鉴定机构组织具有丰富鉴定经验的鉴定人员，采取了协助审理人梳理证据、现场勘验、召开专家论证会、与当事人核对等方式，圆满完成了鉴定工作。

二、案件争议焦点和造价鉴定难点

(一)案件争议焦点

1. 发承包方签订了两版价款结算方式截然不同的施工合同,工程在结算中如何计价的问题

该项目发承包方签订了不同结算方式的工程施工合同,分别为固定总价加价款调整和工程结算采用省级计价标准按施工图纸等据实结算,工程结算中双方对如何计价产生的争议。

2. 施工过程中形成的缺少发包方确认的证据是否应作为结算的依据

该项目降水工程、基坑支护、植筋、外墙干挂石材等实际实施,但相关资料发包人未签字盖章确认,对于其在工程结算中是否应作为依据,双方产生的争议。

3. 开工前发包人未完成的场地障碍清除,影响正常施工造成损失的承担主体

该项目既有高压线施工前未及时拆除,造成垂运设备不能正常运行,双方对形成材料、半成品等倒运发生的费用承担主体产生的争议。

4. 配合费计取基数的确定

该项目电梯采购安装、单元门、入户门和下房门、燃气系统、电视系统、对讲系统、售楼处精装修、太阳能热水器均为发包人另行发包,双方对总包方配合费计取的基数产生的争议。

5. 材料设备价格的争议

该项目电表箱及配电箱等由承包人采购,过程中未按合同约定使采购价格取得发包方的确认,结算时双方产生的争议。

(二)造价鉴定难点

1. 鉴定事项复杂,证据繁杂,鉴定工作需要采取超常的鉴定思路

本案件的鉴定系当事人在长达 2 年的结算核对未形成结果的条件下,总包方发起的诉讼,争议事项繁杂、量大,且涉及不同版本合同实际履行的争议,需要在了解全案情况后,反复地对争议内容进行仔细梳理,才能完成鉴定工作。因此,根据鉴定工作需要,鉴定机构安排具有丰富造价鉴定经验的人员组成鉴定小组,专门负责该项目的鉴定工作,由组长引领成员对合同条款、争议证据资料、相关文件反复进行研读和梳理,对于降水、基坑支护等专业性强的内容,还引入了行业专家对争议事项进行技术论证,从而保证了鉴定意见的合法性和准确性。

2. 主张事项的证据资料不能完全满足鉴定的需求

该项目中配电箱价格,合同约定的造价信息中不包括该部分内容,结算前又未形成价格确认,双方争议较大。为准确确定其价格,鉴定机构采取通过现场核查确定元器件的品

牌、规格后，向专业生产厂家询价的方式确定其价格，消除了双方的计价争议。

3. 专业技术措施费用的计取，缺少合法的证据资料

基坑降水和支护等专业性强的内容，因签证手续不完整，结算时双方对费用的计算依据产生争议，本机构在鉴定过程中引入了行业专家对其进行论证，科学合理地解决了计价争议。

4. 证据资料表述不清，甚至前后矛盾的事项过多

该项目中资料表述不清，甚至前后矛盾的事项过多，单凭资料难以完成鉴定工作，鉴定机构对此类资料进行梳理归类后，采用了现场勘验核实的方式，据实进行了鉴定，有效地化解了双方的争议。

三、鉴定情况

（一）司法鉴定委托人提供鉴定材料内容

委托人提供的资料，包括司法鉴定委托书、庭审笔录、鉴定材料质证笔录、施工合同、项目设计文件、专项施工方案、当事人主张鉴定事项计价明细及证据资料等。

（二）工程造价司法鉴定情况

1. 鉴定过程

（1）2018年6月21日，本机构接到某法院委托函，对某住宅项目A区1～13#楼及一期地下车库工程，依据2012年4月28日签订的合同以及备案合同分别进行造价鉴定。

（2）2018年6月21日，本机构向委托方提交了该项目司法造价鉴定需提供资料告知函，并对拟参加鉴定的人员按回避制度，履行程序后确定项目鉴定人员。

（3）2018年7月16日，本机构参加了由委托方组织的质证会并接收了原被告双方提供的鉴定材料。

（4）2018年7月24日，本机构收到委托方转交的原告提交的补充鉴定材料。

（5）2018年8月1日，原告预交了该项目的部分鉴定费用。

（6）2018年8月13日，根据鉴定工作的需求，本机构与委托方联系，出具了需当事人补充提交鉴定材料的告知函。

（7）2018年10月8日，当事人提交了司法造价鉴定需提供资料告知函中所要求提交的且其认为其能提供的全部鉴定材料。

（8）2018年10月12日，被告预交了该项目其主张内容的鉴定费用。

（9）2018年10月30日，在委托方安排下，鉴定人会同本案当事人到达该工程现场进行了现场勘验，并形成了现场勘验记录及询问笔录。

（10）2018年12月27日，原告补交了该项目的部分鉴定费用。

（11）2018年7月16日至12月30日，鉴定机构对鉴定项目进行了资料的分类、汇

总,鉴定方案的制订,相应工程量的计算及计价工作,并出具了鉴定意见书(征求意见稿)。

(12) 2019年1月9日,本机构将鉴定意见书(征求意见稿)送至委托方。

(13) 2019年2月1日,本机构收到委托方转来的双方当事人对鉴定意见书(征求意见稿)的异议。

(14) 2019年2月17日至2月18日,本机构按委托方安排,组织了原被告双方参加的对鉴定意见书(征求意见稿)争议事项的核对会议,本案原被告双方均派员参加,并形成了当事人参加鉴定意见书(征求意见稿)争议事项会议记录。

(15) 2019年2月19日至2月25日,本机构与原被告双方针对争议事项会议内容对异议内容进行了核对,并形成了核对记录,其间双方均提出需要再次补充资料,本机构明确告知其应向委托方申请。

(16) 2019年3月20日,本机构又收到委托方转交的双方当事人补充提交的相关鉴定材料及其质证意见。

(17) 2019年2月17日至4月16日,本机构根据双方对鉴定意见书(征求意见稿)的核实结果及补充证据等对鉴定意见书(征求意见稿)进行修正和调整,并于2019年4月16日出具了鉴定意见书。

2. 鉴定依据

(1) 行为依据。

① 司法鉴定委托书;

②《最高人民法院关于审理建设工程施工合同纠纷案件适用法律问题的解释》。

(2) 法律法规及政策依据。

①《中华人民共和国建筑法》;

②《中华人民共和国合同法》;

③《中华人民共和国民事诉讼法》;

④《最高人民法院关于民事诉讼证据的若干规定》;

⑤《建设工程造价鉴定规范》(GB/T 51262—2017);

⑥ 国家、省、市的法律法规等其他有关文件、资料。

(3) 计量与计价依据。

① 当事人提交的设计文件、建设工程施工合同、专项施工方案,当事人主张鉴定事项计价明细及证据资料等;

②《全国统一建筑工程基础定额河北省消耗量定额》(HEBGYD-A—2008)、《全国统一装饰装修工程消耗量定额河北省消耗量定额》(HEBGYD-B—2008)、《全国统一安装工程预算定额河北省消耗量定额》(HEBGYD-C—2008)及配套费用定额;《全国统一建筑工程基础定额河北省消耗量定额》(HEBGYD-A—2012)、《全国统一装饰装修工程消耗量定额河北省消耗量定额》(HEBGYD-B—2012)、《全国统一安装工程预算定额河北省消耗量定额》(HEBGYD-C—2012)及配套费用定额;

③ 施工期间《某市工程造价》；
④ 鉴定机构现场勘验形成的勘验记录；
⑤ 委托方提供的其他鉴定材料。

3. 鉴定方法

按委托方要求，对某住宅项目A区1～13#楼及一期地下车库工程依据2012年4月28日签订的合同以及备案合同分别进行造价鉴定。

（1）计价标准的取定原则。

因本案2012年4月28日签订的合同及备案合同均没有明确约定结算时遇政策性调整如何处理，同时原告主张备案合同仅是为履行建设程序，结算应按照2012年4月28日签订的合同结算方式结算且应执行政策性调整，被告主张按照备案合同约定的固定总价加价款调整方式结算，结算调整部分也执行2008年河北省计价标准。故本机构根据委托书要求及证据内容，将鉴定意见分成4种情况（依据2012年4月28日签订合同不执行政策性调整、依据2012年4月28日签订合同执行政策性调整、依据备案合同不执行政策性调整、依据备案合同执行政策性调整），分别提供鉴定意见供审理人审理时使用。

（2）鉴定中材料单价取定原则。

① 2012年4月28日签订合同材料单价取定原则：按合同专用条款第十条第4款约定"材料价格按合同工期所对应的《某市工程造价》发布的工程所在地市场指导价（执行最低价）加权平均值进行调整。造价信息中没有的材料价格，承包人提前15天提出，按经发包人确认的市场价格计算"。因此，《某市工程造价》中有的材料，按照《某市工程造价》中发布的工程所在地市场指导价（执行最低价）加权平均值计入；对于造价信息中没有的材料价格，且双方没有形成认价资料的材料，鉴定意见按照相应市场价格计入。

② 备案合同材料单价取定原则：因备案合同中没有约定变更部分的材料价格调整方式且为固定总价合同，同时本案双方当事人均未能提供中标商务文件，对于涉及造价变更的内容，本原则①中涉及的材料均按其价格计入，本原则①中没有的按工程所在地相应造价信息中的价格计入。

③ 外墙面石材及室外台阶石材单价计取原则：根据现场核实的石材厚度及同期《某市工程造价》确定，并在确定价格时考虑了国家规范规定的正常偏差的影响，以及市场销售惯例等因素。

④ 钢筋单价计取原则：由于案涉工程钢筋的主要使用量是在主体施工期间发生的，鉴定意见中钢筋价格是按照各楼开工至主体完成期间《某市工程造价》中相应价格的算术平均价格计入的。

⑤ 外墙漆单价计取原则：根据双方当事人诉前共同向项目所在地造价管理部门的请示的答复意见"底漆及面漆按立邦漆厂家提供的工艺做法执行相应定额子目"，鉴定意见中外墙漆按立邦漆品牌考虑，外墙漆价格按照鉴定机构掌握的当期市场价格计入。

⑥ 配电箱单价计取原则：被告提出配电箱单价比市场价格高，原告提交了该项目的配电箱订购合同，但此合同的供货明细中无供货单位签章，合同中也未约定总合同金

额，且合同也未全部包含此次鉴定范围的全部配电箱，经现场核实配电箱内电气元件为德力西品牌，依据该品牌及图纸对配电箱价格委托专业厂家进行了组价，并依据组价结果进行计价。

（3）鉴定意见中人工费标准及调整原则。

① 2008年河北省计价标准：采用《关于调整现行建设工程计价依据中综合用工单价的通知》，文件开始执行日期为2012年1月1日（实际文件下达日期为2012年3月27日）。综合用工一类单价由58元/工日调至70元/工日；综合用工二类单价由52元/工日调至60元/工日；综合用工三类单价由39元/工日调至47元/工日。单价调增部分按规定仅计取税金。

② 2012年河北省计价标准：采用定额人工基价。综合用工一类单价70元/工日；综合用工二类单价60元/工日；综合用工三类单价47元/工日。单价正常参与取费。

（4）规费计取原则。

① 2008年河北省计价标准：按《关于调整2008年〈河北省建筑、安装、市政、装饰装修工程费用标准〉规费费用标准（涉及房地产开发项目）的通知》执行。

② 2012年河北省计价标准：按河北省工程建设造价管理总站对原告核定的相应费率计取。

（5）回填土费用计取原则。

根据双方当事人诉前共同向项目所在地造价管理部门的请示的答复意见，鉴定意见中按70%机械回填，30%人工回填考虑相应定额标准计取回填土费用。

（6）对拉螺栓费用计取原则。

对于该工程11#楼、12#楼及地下车库对拉螺栓的实际使用情况，本机构现场勘验时已经无法核实，由于原被告双方均未提供该工程施工组织设计，鉴定意见是按《全国统一建筑工程基础定额河北省消耗量定额》（HEBGYD-A—2012）中关于对拉螺栓的设置原则考虑计入的，其中地下室混凝土外墙按固定式对拉螺栓考虑计入，地下室混凝土内墙及地上混凝土墙按周转式对拉螺栓考虑计入。

（7）施工用水泥的计取原则。

根据当事人提供的鉴定材料和证据及过程照片等，鉴定意见中现场搅拌混凝土所用水泥，垫层及地下室防水混凝土保护层按散装32.5水泥考虑计入；基础及主体结构按散装42.5水泥考虑计入；抹灰及砌筑等现场搅拌砂浆所用水泥按袋装32.5水泥考虑计入。水泥价格系在充分分析当事人提供的证据基础上考虑合同约定的确价原则确定的。

（8）内墙面钢丝网、玻纤网格布计取原则。

鉴定意见中2～4#楼，根据现场情况记录及双方主张结算的明细，按钢丝网及玻纤网格布计入；11～13#楼根据图纸会审记录及原告主张结算，按玻纤网格布计入；地下车库墙体与不同材质交界处按300mm宽钢丝网计入。

（9）甲供材保管费。

该工程智能锁闭阀、水泵及其控制箱均为甲方采购。2012年4月28日签订合同专用条款第八条约定的保管费计费比例为1%,备案合同中没有发包方供应的甲供材,也无甲供材保管费的相关约定。鉴定意见是根据被告提供的甲供材价格以及2012年4月28日签订的合同中约定的标准计算甲供材保管费的。

(10) 分包配合费。

① 2012年4月28日签订合同专用条款第十四条约定"承包人向建设方收取分包工程总价2%的配合费(其中电梯以不含主材的安装费的基数计算配合费)",备案合同中没有分包配合费的相关约定,鉴定意见中入户门和下房门、太阳能热水器以被告提供的采购安装合同分包工程总价为计算基数,其余分包项目由于被告未提供分包工程总价,鉴定意见以常规市场价格(不含设备费)作为此部分的计算基数,按2012年4月28日签订合同中约定的标准计算了分包配合费。

② 该工程通过对双方当事人意见的核实和判断,鉴定机构能够确认发生配合的分包项目有电梯采购安装,单元门、入户门和下房门,燃气系统、电视系统、对讲系统,此部分已按合同约定计入了配合费,并计入相应确定性意见中。鉴定机构不能够确认发生配合的分包项目是否有售楼处精装修、太阳能热水器安装,故鉴定意见对售楼处精装修、太阳能热水器安装分包配合费也按约定标准进行了计算并作为选择性意见单独列示,供委托人根据审理情况及证据效力取舍。

(11) 项目7~10#楼降水工程。

原告提交的该项目A区1~10#楼基坑降水施工方案,有监理对其审查意见(监理工程师意见为"同意按此方案施工"),被告认为原告未按2012年4月28日签订合同约定履行工程资料确认手续,其原因是双方履行的是备案合同,且根据施工照片可以发现原告未按监理单位确认的方案施工,施工过程中及施工结束后,原告也未向被告和监理单位提出该方案实施的确认申请,故不认可按该方案计算费用。鉴定机构根据双方当事人的表述,对当事人提供的过程照片资料进行比对,由于照片中显示排水沟未填碎石,故未计入方案中此项内容的费用。由于对于排水水泵的数量和抽水时间,鉴定机构均无法对原告方提供的证据进行核实,故水泵的台班数量按监理工程师审批的方案并结合专家论证意见计算,鉴定意见将此部分涉及的费用作为选择性意见进行了单独列示,供委托人根据审理情况及证据效力参考使用。

(12) 11#、12#楼及车库护坡、降水。

原告提交的11#、12#楼及车库基坑降水与支护及土方开挖施工方案,有专家论证审批意见,水泵的排降水时间还有监理单位的确认。被告认为原告未按2012年4月28日签订的合同约定履行工程资料确认手续,其原因是双方履行的是备案合同,且根据施工照片可以发现原告未按该方案施工,故不认可按该方案计入费用。本机构根据双方当事人的表述及提供的照片资料进行了比对,由于照片中显示排水沟未填碎石,故未计入方案中的此项费用,由于降水井及集水井中水泵的抽水时间有监理单位的确认,故水泵的数量和台班按监理单位确认的相应数量计入,并将计算结果计入相应确定性意见中。

(13) 2012年底冬季施工增加费(定额不包括的专家论证费、暖棚搭设费、防冻添加剂费用）。

原告提交的该工程 4♯、5♯、7～12♯楼及地下车库工程冬季施工方案，有监理单位及被告签字盖章复印件，被告认可其真实性，但认为该方案未办理实际施工签证，不能依据该方案结算。鉴定意见按惯例计取了该方案的专家论证费，并按约定的计价标准中规定计取了暖棚搭设、防冻添加剂的费用，并将计算结果计入相应确定性意见中。

（14）砌体拉结筋设置（量差部分）。

该工程 1～13♯楼及地下车库砌体拉结筋，设计图纸中要求通长设置，原告认为按图纸要求也通长设置了，被告认为原告未通长设置，双方存在争议，鉴定机构也无法确定是否进行了通长设置，鉴定意见中将通长设置费用计入相应确定性意见中，并将砌体拉结筋通长设置与未通长设置的量差部分涉及的费用作为选择性意见进行单独列示，供委托人根据审理情况及证据效力参考使用。

（15）砌体拉结筋采用植筋方法。

该工程 2～4♯、11～13♯楼及地下车库、配电站、开闭所砌体拉结筋采用植筋方法，原告认为在实际施工中，混凝土二次结构、砌体拉结筋均采用植筋工艺，应按植筋工艺增加费用，被告认为此做法不是设计要求，属原告自身行为，不同意增加费用。本机构经向双方当事人核实确认，现场实际施工中砌体拉结筋确实采用了植筋工艺，但无设计要求和变更，故将增加费用金额单独列示，由审理人根据审理情况及证据效力决定取舍。

（16）现浇板内管线加强筋。

该工程 1～13♯楼及地下车库现浇板内管线加强筋是设计文件的要求内容，原告认为已按图纸要求施工，被告认为原告未进行此项内容的施工，双方存在争议且现场无法核实，但项目已竣工验收合格，被告也未提供原告未施工的证据资料，鉴定意见将此部分涉及的费用作为确定性意见直接计入相应结果中。

（17）卫生间、厨房天棚刮水泥腻子。

关于该工程 1～2♯、4～12♯楼卫生间、厨房天棚刮水泥腻子，原被告提交的双方确认的现场情况记录中明示"5-3-401、8-3-101 天棚有腻子，9-2-201、10-305 天棚无腻子，11♯楼、12♯楼天棚有腻子，其他楼号无法查验"，同时建设单位通知单编号 004 第 2 条内容明确"卫生间、厨房顶棚不批腻子"，但本机构无法确认此通知单下达时原告已施工完成的工程量，故鉴定意见将 1～2♯、4～12♯楼卫生间、厨房天棚刮腻子的全部工程量（已扣除双方已确认的无腻子的相应工程量）涉及的应调整费用作为选择性意见进行单独列示，供委托人根据审理情况及证据效力参考使用。

（18）1♯楼屋面聚苯板和酚醛板价差。

该工程屋面保温原设计为酚醛板后变更成聚苯板，关于 1♯楼屋面保温板的材质，双方提交的现场确认资料中显示为酚醛板，后于 2019 年 2 月 22 日再次现场勘察，发现 1♯楼屋面取样两点中，一处为聚苯板，另一处为酚醛板。被告认为设计变更为聚苯板应按聚苯板计算价格，原告认为设计变更下发时，该部分屋面保温已经施工完毕，因此使用了原设计要求的酚醛板。因鉴定机构无法确认设计变更下发时施工完毕的酚醛板的工程量，故鉴定意见的确定结果中全部按聚苯板计入，并在此处将聚苯板和酚醛板价差部分涉及的费用作为选择性意见进行单独列示，供委托人根据审理情况及证据效力参考使用。

（19）工程洽商记录14-032电线丢失，二次安装。

11#楼三单元第六至第十一层电气管道井内，由地下室配电房电表箱至分户控制箱16mm²铜电源线丢失，电梯25mm²铜电源线丢失，由原告二次穿线。被告认为竣工交付之前，成品保护是原告应当承担的义务，电线丢失是其未尽义务的结果，由此产生的二次安装费用不应计入工程造价，原告认为按正常施工程序，在当时不具备穿线条件的情况下，被告要求其强行施工，发生丢失以后被告应给予补偿，鉴定意见将此部分涉及的费用作为选择性意见进行单独列示，供委托人根据审理情况及证据效力参考使用。

（20）工程洽商记录14-039配电柜间增加电缆，电梯机房增加管线。

12#楼消防泵房控制柜应甲供，需要总柜引电源至该控制柜，增加桥架及电缆；12#楼电梯原图设计无摄像头，应甲方要求增加相应管线。此工程洽商记录为双方盖章签字的复印件，被告不认可，本机构经现场勘验确认此内容已实施，鉴定意见将此部分涉及的费用作为确定性意见直接计入鉴定意见中。

（21）图纸变更通知单2012-CZ-03（005-008），增加排水套管及楼板打眼。

此变更单中变更内容为"因施工需要A-5~8#楼部分烟道及给水管道布置图"，因无法确定原告主张的排水管道位置调整，且此变更通知单无设计方及建设方签章，故原告主张费用未列入鉴定意见中。

（22）高压线影响补偿。

原告主张由于高压线影响，12#楼与车库之间的塔吊不能使用造成停滞，塔吊停滞时间为2012年10月11日至12月17日、2013年2月25日至4月17日，共计120天。在此期间车库基础及主体施工约3/5工程量范围内的钢筋、模板、脚手架、砖模及砌筑砂浆，以及冬季施工所需搭设的暖棚、棉被、炉子、煤等需要人工倒运，12#楼主体第三层以下所有砖模、砂浆、钢筋、模板、脚手架、冬季施工棉被等需要人工倒运，由此产生的机械停滞费用以及窝工及材料搬运费用应给予补偿。被告认为按原告主张的2012年4月28日签订的合同约定，所有的工程资料必须由监理及被告确认，在施工过程中及施工后原告均未向被告提出该内容的确认，不同意计取此费用。鉴定意见按原告主张的人工工日数量及塔吊停滞时间计算了窝工及材料搬运费及机械停滞费，相应扣除了上述施工范围定额中的垂运费，因原告的此项费用主张未得到相关权力部门的认可，并且鉴定机构无法确定原告主张的人工工日数量和塔吊停滞时间的准确性，仅对原告主张的单价履行了审核责任，故将此部分计算的费用作为选择性意见进行单独列示，供委托人根据审理情况及证据效力参考使用。

4. 鉴定意见

（1）确定性意见。

① 依据2012年4月28日签订的合同不执行政策性调整的鉴定金额为100177815元，依据2012年4月28日签订的合同执行政策性调整的鉴定金额为106820898元；

② 依据备案合同不执行政策性调整的鉴定金额为 70652475 元，依据备案合同执行政策性调整的鉴定金额为 70942087 元。

(2) 选择性意见。

因涉及合同版本及证据的效力等，下列费用本机构根据案件审理的需要，对相关费用进行了计算，并单独列示，供审理人审理时参考使用。

① 分包配合费（太阳能热水器、售楼处精装修）。

该事项鉴定造价共计 34532 元，其中太阳能热水器分包配合费 3509 元，售楼处精装修分包配合费 31023 元。

② 7～10♯楼降水工程。

如按 2012 年 4 月 28 日签订合同执行，不执行政策性调整应增加鉴定金额为 1159884 元，执行政策性调整应增加鉴定金额为 1125094 元；如按备案合同执行，根据备案合同专用条款第二条第 8 款内容，发包人已提供工程地质和地下管线资料，总包人已了解案涉工程地下水位，并能完成工作，此项应已含在备案合同总价包死范围内，不应再计取此费用。

③ 砌体拉结筋通长设置与非通长设置（量差部分）。

如按 2012 年 4 月 28 日签订的合同执行，1～13♯楼及地下车库砌体拉结筋未通长设置，不执行政策性调整应减少鉴定金额为 404887 元，执行政策性调整应减少鉴定金额为 417527 元。如按备案合同执行，砌体拉结筋通长设置已包含在备案合同总价包死范围内，不再重复计取，如非通长设置，不执行政策性调整应减少鉴定金额为 404887 元；执行政策性调整应减少鉴定金额为 417527 元。

④ 砌体拉结筋采用植筋。

2～4♯、11～13♯楼及地下车库、配电站、开闭所砌体拉结筋采用植筋，如确认植筋应增加费用，则不执行政策性调整增加鉴定金额为 420123 元；执行政策性调整增加鉴定金额为 473425 元。

⑤ 卫生间、厨房天棚刮水泥腻子。

1～2♯、4～12♯楼卫生间、厨房天棚刮水泥腻子争议，如确认未实施，不执行政策性调整，此项应减少鉴定金额为 72112 元；执行政策性调整，此项应减少鉴定金额为 107974 元。如确认已实施，不涉及费用扣减。

⑥ 1♯楼屋面聚苯板和酚醛板价差。

1♯楼屋面保温如确认为酚醛板，增加鉴定金额为 56081 元。如确认未实施，不涉及鉴定金额调整。

⑦ 工程洽商记录 14-032 电线丢失，二次安装。

11♯楼电线丢失，二次安装，如认定为被告责任，增加鉴定金额为 5940 元；如认定为原告责任，此项不涉及鉴定金额调整。

⑧ 高压线影响补偿。

经计算，此项内容如不执行政策性调整，其鉴定金额为 78672 元，其中包括人工搬运费 26537 元、机械停滞费 52135 元；如执行政策性调整，鉴定金额为 75405 元，其中包括人工搬运费 28470 元、机械停滞费 46935 元。

(三) 案件当事人对工程造价鉴定意见的异议问题

1. 原告异议问题

(1) 太阳能热水器及售楼处精装修配合费应计入确定性意见；

(2) 高压线影响补偿应计入确定性意见。

2. 被告异议问题

(1) 确定性意见中不应计取二次搬运费；

(2) 外墙花岗岩厚度设计为 20mm，实际为 18mm，应扣减费用；

(3) 外墙石材施工方没有提供专项设计图纸，图纸内容不应计价；

(4) 未抹灰天棚打磨费用不应按天棚整体面积计算，仅应按接缝长度考虑适当宽度计算费用；

(5) 墙体拉结筋植筋非设计和发包人要求，不应计价。

3. 原告异议回复

(1) 太阳能热水器及售楼处精装修配合费因是否履行了配合鉴定机构无法确定，将其列入选择性意见符合鉴定规范的规定；

(2) 高压线影响补偿因原告的主张未得到相关权力部门的认可，并且鉴定机构无法确定原告主张的人工工日数量和塔吊停滞时间的准确性，仅对原告主张的单价履行了审核责任，将其列入选择性意见符合鉴定规范的规定。

4. 被告异议回复

(1) 二次搬运费属相应计价依据中常态总价措施费用，合同中并未约定此项费用不计取，鉴定意见中计入并无不当；

(2) 外墙花岗岩厚度设计为 20mm，实际为 18mm，鉴定中其价格系按国家正常偏差规定及市场价格标准确定的；

(3) 虽然外墙石材施工方没有提供专项设计图纸，但工程已竣工验收合格，且专项设计也非承包人法定义务，鉴定中按核实工程量计价并无不当；

(4) 未抹灰天棚打磨费用按天棚整体面积计算，符合计价依据规定的计算标准；

(5) 墙体拉结筋植筋非设计和发包人要求，鉴定中将其鉴定金额列入选择性意见中，由审理人决定取舍，符合鉴定规范规定。

四、出庭作证情况

根据法院通知的规定时间，鉴定机构派出参加本案鉴定的专业人员履行了出庭作证义务。

本案在鉴定意见书（征求意见稿）出具后，履行了与双方当事人核对的程序，当事人异议已基本解决，庭审中对上述当事人异议内容鉴定人给予了答复，庭审质证结束，鉴定机构参加出庭人员对庭审质证笔录进行了签字确认。

五、心得体会

(一) 鉴定人应规范执业，避免出现"以鉴代审"

在鉴定工作中应注意，鉴定机构仅应对属其专业问题的内容进行鉴定，并应视证据的质证意见给出确定性、推断性和选择性意见等。对于双方当事人对涉及证据的效力、合同条款的理解存在争议的问题，应申请由审理方给出明确的处理意见，并按委托方意见出具相应的鉴定意见，如审理方未给出明确的处理意见，鉴定机构应出具选择性意见交由审理方决定取舍，避免构成"以鉴代审"的法律后果。

(二) 考虑鉴定项目的实际，合理的安排鉴定人员

根据案涉工程的专业及鉴定委托书要求，合理配备具有与鉴定工作相适应的鉴定人员，分派任务前参与项目鉴定人员自行履行回避义务，避免出现因违反鉴定的强制规定而造成鉴定意见无效的后果。

(三) 重视鉴定意见书（征求意见稿）的作用，认真分析当事人和委托方的回复意见，将鉴定意见做实做准

出具鉴定意见书（征求意见稿）的初衷，是让当事人和审理人提前了解鉴定人在鉴定工作中的不足和缺陷，通过提出异议的方式，使鉴定人在鉴定过程中消除并解决鉴定意见的瑕疵和不足，避免鉴定意见的不足和错误影响案件的审理和偏差。因此，在收到各方异议后，应认真分析异议事项和内容，涉及工程量计算的，可请示委托方同意后安排与异议人核对，避免出现在庭审质证中出现工程量计量争议和对抗，造成庭审工作被迫中断。涉及合同理解和证据效力的异议内容，要采用出具选择性意见的方式列示鉴定意见，避免发生"以鉴代审"的违规事件。

(四) 严格遵守鉴定时限，避免鉴定超期

根据案涉工程规模、难易程度，编制切实可行的鉴定方案，严格按照规范及法院委托书要求，在时限内完成鉴定任务。每个鉴定项目均应建立鉴定过程时序台账，从接受鉴定委托，到出具鉴定成果文件的每一个环节，均要有翔实的记录。如因特殊原因鉴定工作不能在时限内完成，应在到期前及时向委托方申请延长鉴定期限。

(五) 鉴定机构应培养精通造价专业知识，掌握施工技术，熟悉法律常识的复合型鉴定人才

造价鉴定业务不同于常规的工程结算审核业务，需要鉴定人员合法、科学、规范地解

决造价争议，出具合法、准确的鉴定成果。造价鉴定面对的都是难以调和的矛盾，服务对象也不仅是双方当事人，还有审理人和律师等法律专业人士。要实现和法律人士的无障碍沟通，就要说法言法语，因此鉴定人只有熟悉法律常识和法律规定，才能满足鉴定和沟通的需求。完美地解决造价争议，要求鉴定人员从源头上掌握产生矛盾的根源和解决的方法，造价的形成来源于施工过程，因此必须掌握必要的施工技术和常识。对于计价工作，不是鉴定人员会算量和定额计价就可以满足的，只有掌握计价的原理和价格的形成环节和方法，才能有理有据地解决造价争议。因此，要做好一项造价鉴定业务并顺利通过庭审质证，需要鉴定人员具有丰富的专业知识、专业经验、法律常识和应变能力，这个能力的形成需要鉴定人不断地学习、培训和总结提升。鉴定机构要胜任鉴定工作，就必然要培养一批具有造价鉴定综合能力的复合型人才。

10. 某市某写字楼工程造价司法鉴定

——河北丰信工程咨询有限公司

田胜民　董佐惠　陈　敬　郑凯征　郑　禹

一、案情简介

原告（反诉被告）为总包方；被告（反诉原告）为发包方。

2010年9月28日，原被告双方签订了《建筑安装工程补充协议》，协议约定原告承建被告开发的某写字楼工程，工程规模为建筑面积32889.3m²，地上27层、地下1层，建筑高度97.8m，资金来源于自筹，承包内容为除土方开挖、玻璃幕墙、通风消防、中央空调、吊顶、景观、绿化、车库管理系统、安防、电梯、配电室设备以外所有建筑安装工程，以及雨污水、小区主环路等市政工程。给排水、电、采暖等乙方施工到楼外第一个检查井处。协议约定以河北省2008年预算定额为计价依据，按承包工程的相应工程类别取费，暂定开工日期为2010年9月30日，竣工日期为2012年5月30日。

2011年6月30日，原被告双方签订了《建设工程施工合同》，合同约定的承包范围为施工图纸包含的全部内容，合同价款为固定总价5085万元，除设计变更、现场签证外均含在合同总价内。合同约定的开工日期为2011年7月4日，竣工日期为2013年2月25日，工期总日历天数600天。

原告完工后多次催促被告按照协议约定进行竣工验收，被告拒不履行法定义务组织对案涉工程进行竣工验收，原告向被告递交了竣工报告、结算报告，被告不及时进行结算，截止到起诉之日被告仅支付了3180万元工程款，尚欠原告2648.27万元工程款，因此原告提起诉讼，申请依据《建筑安装工程补充协议》的约定对本案工程造价进行鉴定。被告提出原告施工质量不合格拒不整改（在被告组织验收时，专家给出验收意见并提出需要整改）、不能提供竣工图和完整的竣工资料、延误工程等违约行为给被告造成了巨大经济损失，为此依法反诉，以《建设工程施工合同》为依据，申请固定总价增减项对本案工程造价进行鉴定。

2020年12月30日，法院依法判决原告的诉讼请求部分成立，其中工程造价全部采信鉴定机构出具的工程造价鉴定意见，一审判决后原被告双方就工程造价判决提起了上诉，上级法院针对一审采纳鉴定机构出具的工程造价鉴定意见给予全部认可。

二、案件争议焦点和造价鉴定难点

(一) 案件争议焦点

1. 原告请求被告支付工程款的行为是否合理问题

被告主张 2015 年底经评审证实，工程存在一定的质量问题，此后原告一直未予整改；原告则主张其进行了整改，整改后于 2016 年 9 月再次报竣工报告。经法院查明，2016 年底至 2018 年 6 月原告还在陆续整改中以及被告于 2018 年 12 月 15 日提出的案涉工程质量问题尚未整改完毕。根据被告提供的 2018 年 12 月 23 日其与某建筑安装有限公司签订的工程内容主要为缝隙封堵、开裂修补、抹灰脱落、不平整处修整抹灰、腻子脱落修复及栏杆加固等修复内容的《某写字楼施工合同》及某建筑安装有限公司出具的工程款发票等证据可以认定，对案涉工程质量问题被告已自行委托进行了整改，并为此支付费用 257790.20 元。案涉工程虽未能按照常规程序办理正式竣工验收手续，但鉴于被告认可该项目现已通过附条件验收，因此原告请求被告支付工程款的行为合理。

2. 工程款数额及利息的认定问题

关于工程欠款计算，法院经审查认为，案涉工程为某写字楼工程，依法属于必须招投标的项目，《建筑安装工程补充协议》虽为双方当事人真实意思表示，但是在招投标之前进行磋商并签订的，未经招投标程序，依法认定为无效合同；备案的《建设工程施工合同》在招投标过程中存在"串标"的违法行为（相关证据显示，三家投标单位的代理人均为原告公司的员工，并提交了相关社保证明），也属于无效合同。根据《最高人民法院关于审理建设工程施工合同纠纷案件适用法律问题的解释（二）》第十一条规定，当事人就同一建设工程订立的数份建设工程施工合同均无效，但建设工程质量合格，一方当事人请求参照实际履行的合同结算建设工程价款的，人民法院应予支持。实际履行的合同难以确定，当事人请求参照最后签订的合同结算建设工程价款的，人民法院应予支持。施工过程中的工程联系单等证据显示，双方履行的是案涉工程的《建筑安装工程补充协议》，同时，工程造价鉴定意见书中依据备案的《建设工程施工合同》确定的鉴定金额为 1970.95 万元，而双方无争议的付款在 3000 万元以上，作为商事主体的被告如此超额付款，与常理明显相悖，因此认定双方实际履行的《建筑安装工程补充协议》作为工程价款的结算依据。结合工程造价鉴定意见，根据法院已查明的工程总造价、已付款数额及合同关于质保金返还的约定，本案欠付工程款数额应为 13355278.36 元。二审过程中，由于工程质量整改属于原告公司的责任和义务，原告同意由被告自行委托第三方完成并从其应付工程款中扣除，其涉及的费用为 257790.20 元，因此法院二审最终认定本案欠付工程款数额应为 13097488.16（13355278.36－257790.20）元。

关于利息的计算，根据《最高人民法院关于审理建设工程施工合同纠纷案件适用法律问题的解释》第十八条规定，利息从应付工程价款之日计付。双方当事人有约定的从约定，没有约定的从法定。案涉工程虽未能按照常规程序办理正式竣工验收手续，但鉴于被告认可该项目现已通过附条件验收，利息起算点认定为工程质量整改合格之时。依据被告与某建筑安装有限公司签订的《某写字楼施工合同》所约定的竣工时间，认定2019年1月24日为质量整改的完成时间，故应自2019年1月25日起开始计息。

3. 工程价款优先受偿权的认定问题

《最高人民法院关于审理建设工程施工合同纠纷案件适用法律问题的解释（二）》第十九条规定：建设工程质量合格，承包人请求其承建工程的价款就工程折价或者拍卖的价款优先受偿的，人民法院应予支持。第二十条规定：未竣工的建设工程质量合格，承包人请求其承建工程的价款就其承建工程部分折价或者拍卖的价款优先受偿的，人民法院应予支持。第二十一条规定：承包人建设工程价款优先受偿的范围依照国务院有关行政主管部门关于建设工程价款范围的规定确定。承包人就逾期支付建设工程价款的利息、违约金、损害赔偿金等主张优先受偿的，人民法院不予支持。根据以上规定，原告公司在13097488.16元范围内就某项目未出售的建筑物享有优先受偿权。

（二）造价鉴定难点

（1）案涉工程有多份施工合同，委托人对多份合同的效力没有进行认定时，鉴定机构要根据多份合同分别出具鉴定意见，防止"以鉴代审"。

合同效力的认定属法院审理权限范围，案涉工程存在多份合同、协议，法院审理认定均为无效合同。《中华人民共和国合同法》规定无效合同自始至终没有法律约束力，但不影响合同中独立存在的有关结算和争议条款的效力；《最高人民法院关于审理建设工程施工合同纠纷案件适用法律问题的解释》第二条规定：建设工程施工合同无效，但建设工程经竣工验收合格，承包人请求参照合同约定支付工程价款的，应予支持。因鉴定时，委托人对合同效力没有进行认定，因此鉴定机构根据《建设工程施工合同》《建筑安装工程补充协议》分别做出了鉴定意见供委托人判案使用。

（2）材料价格争议处理。

依据《建筑安装工程补充协议》的约定，被告认价的材料执行认价单价格，认价单中没有的材料执行定额价，无定额价的执行相应时期某市材料价格信息。本案涉及的没有认价，定额和造价信息也没有的，按市场价格计入；被告认价单中一种材料确定了多种价格，鉴定机构对此种材料价格采用加权平均法计取，原被告双方均同意；法院对此也予以认可。

（3）鉴定证据签字手续不同情况的处理问题。

案涉工程证据资料签字盖章手续完整齐全的计入确定性意见，同时鉴定机构在委托人的组织下进行了现场勘验，将勘验属实的不完善的证据资料涉及的费用计入了确定性意见，经过现场勘验也无法核实的不完善的证据资料涉及的费用计入了推断性意见，由委托人根据审理情况和证据的效力性判断使用。

三、鉴定情况

(一) 司法鉴定委托人提供鉴定材料的内容

(1) 委托人提供的资料：司法鉴定委托书、民事起诉状、民事反诉状、鉴定申请书、庭审笔录、鉴定资料质证笔录。

(2) 原告提交的鉴定资料：《建筑安装工程补充协议》、施工图纸、工程联系单、工程签证、图纸会审、有被告盖章的装修做法、主要材料设备认价单。

(3) 被告提交的鉴定资料：《建设工程施工合同》、《施工分包合同》、《幕墙预埋件安装协议书》、《幕墙预埋铁供需合同》、施工图纸、招标文件、投标文件、工程签证、主要材料设备认价单、专家验收报告、专家验收复查意见。

(二) 工程造价司法鉴定情况

1. 鉴定过程

(1) 2019年4月1日，鉴定机构接受法院的委托，委托内容为对双方当事人建设工程施工合同纠纷一案中的案涉工程进行造价鉴定；

(2) 2019年4月8日，鉴定机构向委托人提交了接受委托的复函并提交了工程造价司法鉴定需要提供资料告知函和参加本项目鉴定的鉴定人员基本情况告知函，同时制订了鉴定工作计划。

(3) 2019年7月18日，参加委托人组织的鉴定机构和双方当事人参加的鉴定资料的庭审质证会，当事人提交了鉴定资料并履行了质证程序。

(4) 2019年7月25日至9月16日，鉴定机构对鉴定项目进行了资料的分类和汇总、鉴定方案的制订、相应工程量的计算及计价工作。

(5) 2019年9月17日，鉴定机构根据鉴定工作的需要，与委托人结合，出具了《提请委托人补充证据材料的函》。

(6) 2019年9月28日，在熟悉案情和鉴定资料的前提下，鉴定机构在委托人的组织下，进行了第一次现场踏勘并形成了第一次现场踏勘记录。

(7) 2019年11月13日，鉴定机构参加委托人组织的针对2019年9月17日双方当事人补充的证据资料的庭审质证会，并商定于2019年11月27日针对室外地面问题进行现场踏勘。

(8) 2019年11月27日，在委托人的组织下，鉴定机构及双方当事人进行第二次现场踏勘并形成第二次现场踏勘记录。

(9) 2019年12月18日至2020年4月3日，鉴定机构经委托人同意并按相关规定，组织当事人在鉴定机构具有全程录像功能的会议室对案涉工程工程量及计价工作进行了核对并形成了工作日志。

(10) 2020 年 4 月 8 日，鉴定机构出具了本案的工程造价鉴定意见书（征求意见稿）。

(11) 2020 年 6 月 8 日，鉴定机构收到当事人对鉴定意见书（征求意见稿）的异议，按规定鉴定机构鉴定人员对异议资料进行了复核。

(12) 2020 年 6 月 29 日，鉴定机构书面回复了当事人对鉴定意见书（征求意见稿）的异议。

(13) 2020 年 6 月 30 日，鉴定机构出具了本案鉴定意见书。

2. 鉴定依据

(1) 行为依据。

司法鉴定委托书。

(2) 法律法规及政策依据。

① 《中华人民共和国建筑法》；

② 《中华人民共和国合同法》；

③ 《中华人民共和国民事诉讼法》；

④ 《最高人民法院关于民事诉讼证据的若干规定》；

⑤ 《建设工程造价鉴定规范》（GB/T 51262—2017）；

⑥ 国家、省、市的法律法规等其他有关文件、资料。

(3) 计量与计价依据。

① 《建设工程施工合同》《建筑安装工程补充协议》；

② 河北省建筑工程计价标准《全国统一建筑工程基础定额河北省消耗量定额》（HEBGYD-A—2008）、《全国统一建筑装饰装修工程消耗量定额河北省消耗量定额》（HEBGYD-B—2008）、《全国统一安装工程预算定额河北省消耗量定额》（HEBGYD-C—2008）及相关费率标准，有关配套调整文件及办法；

③ 工程涉及施工图、工程联系单、工程签证、图纸会审、有被告盖章的装修做法；

④ 主要材料设备认价单、施工期间《某市工程造价信息》；

⑤ 鉴定机构现场踏勘形成的踏勘记录；

⑥ 委托方提供的其他鉴定资料。

3. 鉴定方法

依据《建设工程造价鉴定规范》（GB/T 51262—2017）"当事人分别提出不同的合同签约文本的，鉴定人应提请委托人决定适用的合同文本，委托人暂不明确的，鉴定人可按不同文本分别作出鉴定意见，供委托人判断使用"之规定，鉴定机构按委托人的要求依据《建设工程施工合同》和《建筑安装工程补充协议》分别出具了鉴定意见。

(1) 基于备案的《建设工程施工合同》的鉴定方法。

① 依据投标文件、中标通知书和施工合同确定本案的总包工程造价。

② 依据施工分包合同确定本案的分包工程造价。

③ 依据施工图、工程联系单、工程签证、图纸会审、有被告盖章的装修做法等资料，采用河北省建筑工程计价标准《全国统一建筑工程基础定额河北省消耗量定额》（HEB-

GYD-A—2008)、《全国统一建筑装饰装修工程消耗量定额河北省消耗量定额》（HEBGYD-B—2008)、《全国统一安装工程预算定额河北省消耗量定额》（HEBGYD-C—2008）的计算规则计算本案工程变更及未施工项目的工程量。

④ 依据《建设工程施工合同》约定的河北省建筑工程计价标准《全国统一建筑工程基础定额河北省消耗量定额》（HEBGYD-A—2008)、《全国统一建筑装饰装修工程消耗量定额河北省消耗量定额》（HEBGYD-B—2008)、《全国统一安装工程预算定额河北省消耗量定额》（HEBGYD-C—2008）及相关费率标准，有关配套调整文件及办法确定工程变更及未施工项目的工程单价。

⑤ 依据投标文件中材料价格及市场价确定工程变更及未施工项目材料价格。

⑥ 投标报价中人工费价格为2008年河北省定额预算价，未做调整。依据投标报价确定本案人工费执行2008年河北省定额预算价。

⑦ 依据招标文件第46页第13.3条，施工组织措施费"有害作业"和"生产同时进行"两项没有计取，其余按2008年河北省定额规定计取。

（2）基于实际履行的《建筑安装工程补充协议》的鉴定方法。

① 依据施工图、工程联系单、工程签证、图纸会审、有被告盖章的装修做法等资料，采用河北省建筑工程计价标准《全国统一建筑工程基础定额河北省消耗量定额》（HEBGYD-A—2008)、《全国统一建筑装饰装修工程消耗量定额河北省消耗量定额》（HEBGYD-B—2008)、《全国统一安装工程预算定额河北省消耗量定额》（HEBGYD-C—2008）的计算规则计算本案的工程量。

② 依据《建筑安装工程补充协议》约定的河北省建筑工程计价标准《全国统一建筑工程基础定额河北省消耗量定额》（HEBGYD-A—2008)、《全国统一建筑装饰装修工程消耗量定额河北省消耗量定额》（HEBGYD-B—2008)、《全国统一安装工程预算定额河北省消耗量定额》（HEBGYD-C—2008）及相关费率标准，有关配套调整文件及办法确定本案的工程单价。

③ 依据主要材料设备认价单及市场价确定材料价格。

④ 依据《建筑安装工程补充协议》，对该项目涉及的人工单价进行了调整，综合用工一类单价由45元/工日调整为52.80元/工日、综合用工二类单价由40元/工日调整为47.80元/工日、综合用工三类单价由30元/工日调整为35.85元/工日，清工、借工单价由45元/工日调整为67元/工日，本次综合用工单价调增部分做价差处理，只计取税金。

⑤ 依据《建筑安装工程补充协议》，现场零星用工只计取了税金。

⑥ 依据《建筑安装工程补充协议》，施工组织措施费不计取二次搬运及停水停电、施工与生产同时进行增加费用，在有害身体健康的环境中施工降效增加费用，其余按河北省2008年定额规定计取，施工组织设计费用不进入决算，以现场甲方签证为依据，主体施工模板按大模板和竹胶板计算，抹灰费用取消，混凝土墙面按接触面积增加两遍腻子的处理费用，其他按工程统一做法执行。

⑦ 依据《建筑安装工程补充协议》，配合费按分包工程造价（不含设备费）的3%计

取,其中玻璃幕墙工程、智能化系统工程、消防工程[工程施工承包补充协议(川消)]、工程施工承包合同(消防水泵及管道)、中央空调安装工程、电(扶)梯设备安装工程、井道钢梁安装协议、地下车库耐磨地坪工程共8项分包工程按其合同价款的3%计取配合费。

(3) 两个合同共同的争议事件——抹灰工序后的腻子、涂料及栏杆等工程的鉴定方法:在进行委托人组织的现场勘察时,现场腻子、涂料及栏杆已经施工完成,根据施工图纸可以确定上述项目在原告承包范围内,现场实际也由原告施工完成,因此,鉴定结果将此项涉及的费用计入确定性意见。

4. 鉴定意见

经过分析计算,原告承建的某市某写字楼工程的工程造价鉴定意见如下。

1) 依据备案的《建设安装施工合同》的鉴定意见

(1) 确定性意见。

施工内容可确定部分工程造价为19709500元,具体内容如下。

① 本案固定总价款为50850000元;

② 分包工程价款合计为-27779398元;

③ 土建变更、技术联系单的工程造价为474692元;

④ 装修未施工部分的工程造价为-4492581元;

⑤ 实际装修的工程造价为883567元;

⑥ 安装变更及未施工部分的工程造价为-226779元。

(2) 推断性意见。

工程名称为案涉工程,签证内容为其他工程的签证单:此签证单有被告人员签字,但未加盖单位公章,签证单手续不齐全。此签证单的效力应由委托人判断,因证据的采用委托方未明确内容,鉴定机构按照相关规定仅计算此签证单的费用,作为推断性意见单独列示,由审理方通过证据效力的判断确定其对鉴定造价的取舍。此签证单涉及的工程造价为10314元。

2) 依据双方实际履行的《建筑安装工程补充协议》的鉴定意见

(1) 确定性意见。

施工内容可确定部分工程造价为47540999元,具体内容如下。

① 土建工程及其签证、变更、技术联系单、图纸会审的工程造价为44294194元;

② 安装工程及其签证、变更、技术联系单、图纸会审的工程造价为2789410元;

③ 工程配合费为439971元。

(2) 推断性意见。

① 工程名称为案涉工程,签证内容为其他工程的签证单:此签证单有被告人员签字,但未加盖单位公章,签证单手续不齐全。此签证单的效力应由委托人判断,因证据的采用委托方未明确内容,因此鉴定机构按照相关规定仅计算此签证单的费用,作为推断性意见单独列示,由审理方通过证据效力的判断确定其对鉴定造价的取舍。此签证单涉及的工程

造价为 10314 元。

② 土方工程的配合费：按常规施工方案，工程开工后总包方先进场，进行土方测量放线、清槽、拍底及施工资料的完善及保管。但根据目前的证据资料，鉴定机构不能确定总包方进场时间及总包方是否发生了配合，总包方是否对土方工程施工进行配合的事实应由委托人查明，因委托方未明确事实，鉴定机构按照相关规定计算土方工程的配合费作为推断性意见单独列示，由审理方通过查明的事实确定其对鉴定造价的取舍。土方工程的配合费涉及的工程造价为 7110.38 元。

(三) 案件当事人对工程造价鉴定意见的异议问题

鉴定意见书（征求意见稿）出具后，双方当事人先后就有关问题提出异议，主要异议问题如下。

1. 原告异议及回复

（1）分包合同真实性有待质证。

回复：分包合同的鉴定资料为委托人提供，证据的真实性应由委托人判断，不在鉴定机构的判断范围内。

（2）工程联系单00078号金古月和4S店安全防护费用在红线范围外应计入造价。

回复：无安全通道搭设方案及材料、人工统计表，无法计算和考虑。

2. 被告异议及回复

"端柱"应套用剪力墙定额计入造价。

回复：按被告要求进行调整，正式报告中已更正。

四、出庭作证情况

根据法院通知的规定时间，鉴定机构安排参加本案鉴定的专业人员履行了出庭作证义务，就鉴定机构出具的工程造价鉴定意见书，双方当事人进行了充分质证，鉴定人员针对质询问题也给予了充分的答复。庭审质证结束后，鉴定机构参加出庭人员对庭审质证笔录进行了签字确认。

五、心得体会

(一) 鉴定机构应规范执业，避免出现"以鉴代审"

鉴定机构在鉴定工作中应注意鉴定机构仅应对属于其职权范围的专业问题内容进行鉴定，并应视证据的质证意见给出确定性、推断性、选择性意见。对于涉及证据的效力、不同的合同文本，应申请委托人给出明确的处理意见，并按委托方意见出具相应鉴定结果，如审理方未给出明确的处理意见，鉴定机构应出具选择性意见交由审理方决定，否则将构成"以鉴代审"的法律后果。

(二) 考虑鉴定项目的实际，合理安排鉴定人员

根据案涉工程的专业及鉴定委托书要求，合理配备具有与其承担的鉴定工作相适应的鉴定人员，并应在分派任务前由所有参与项目鉴定的人员自行履行回避义务，避免出现因违反鉴定的强制规定而造成鉴定结果无效的后果。

(三) 接到委托方的出庭质证通知后应充分准备，正确应对当事人的质询

法律规定鉴定意见书只有经过当事人质证后才能产生法律效力，同时规定未通过当事人质证的鉴定意见书不能被采信，因此接到委托方的出庭通知后，应安排熟悉鉴定全部案情的专业人员，针对当事人异议做好充分准备，以便回应当事人的质询。同时，应在出庭时携带案件的卷宗和出庭人的证书、证件，为出庭做好全面准备。出庭回答当事人及审理方提问时应语速放慢至满足书记员记录完成，对当事人提出的问题要抓住重点，简明扼要、客观准确地回答各方的提问，如遇到当事人当庭提出难以当庭准确回答的问题，可采用向审理人申请庭后以文字答复的形式解决。

(四) 鉴定机构应培养精通造价专业知识，掌握施工技术，熟悉法律常识的复合型鉴定人才

工程造价司法鉴定业务，需要鉴定人员合法、科学、规范地解决造价争议，出具合法、准确的鉴定成果文件。鉴定机构的服务对象不仅是当事人，还有审判人和律师等法律专业人士。要实现和法律人士的无障碍沟通，鉴定人员就要熟悉法律常识和法律法规，如此才能满足鉴定和沟通的需求。完美地完成工程造价司法鉴定的任务，不仅需要鉴定人员具有丰富的专业知识、专业经验，还需要加强法律常识和应变能力，这就需要鉴定人员不断学习、培训和总结提升。鉴定机构要胜任工程造价司法鉴定工作，培养具有造价鉴定综合能力的复合型人才是必然之选。

11. 某商品住宅开发项目已完工程造价司法鉴定

——河北秋实工程咨询有限公司

刘 敏 陈慧敏 尹荣利 路 宽 黄 哲

一、案情简介

(一) 本案委托人、当事人

委托人为项目所在地人民法院；当事人中原告为发包方某房地产开发公司，被告为承包方某建筑公司。

(二) 起诉主张

双方当事人因某小区三栋住宅楼、配套商业房及地下车库签订的两份施工合同的执行、工期延误、合同解除索赔等发生纠纷。原告申请解除施工合同；被告主张按 2021 年 2 月直接发包备案的《建设工程施工合同》对已完工程造价、未摊销临时设施等费用、材料和设备租赁费、未摊销模板费用、已进场未安装材料价款、未施工项目预期利润等进行鉴定，原告支付被告完成 3000 余万元产值的剩余工程款、损失费。在案件审理过程中，原告提出鉴定申请补充明确，主张在一审中按照 2020 年 8 月双方签订的《工程施工总承包合同框架》约定，委托鉴定机构对已完工程造价进行鉴定。委托人针对当事人的不同主张、不同合同版本和计价依据，分两次进行鉴定委托。

(三) 工程合同情况

1. 工程合同情况

(1) 2021 年 2 月直接发包备案签订的《建设工程施工合同》。

该项目为非国有资金投资建设的商品住宅小区项目，没有通过公开招投标签订施工合同。施工过程中，以 3~5#、9# 楼及地下车库设计施工图全部内容为承包范围，以施工图预算备案直接发包模式签订了 GF—2017—0201 版本的《建设工程施工合同》，签约合同价为 16358.40 万元。该合同没有关于工程结算原则或已完工程计价方法的条款。合同专用条款有关约定，第12.1条约定，合同价格形式选择单价合同，单价包含的风险范围及风险费用计算方法、风险范围外价格调整均为"双方另行协商"；第11.1条第1款中市场价格波动是否调整合同价格的约定为"是"，调整方式选择"其他方式"，描述为"包括变更及现场"；第11.1条第2款关于基期价格的约定为"无"。第16条中发承包双方违约责任的承担方式和计算方法均约定为"执行通用合同条款"，而通用条款为"发包人、承包人应承担因其违约给对方增加的费用和（或）延误的工期。此外，可在专用条款中另行约定违约责任的承担方式和计算方法。"

（2）2020年8月双方直接签订的《工程施工总承包合同框架》。

在备案合同签订前，当事人签订了《工程施工总承包合同框架》，以3~5#楼及地下车库建筑面积与各单体工程不同的单方综合单价计算总价（表11-1），不含甲方独立分包项目，承包方式为包工包料，约定合同总价8446.34万元，合同价款为承包方综合考虑各种风险后，除钢筋、混凝土执行调差，工程设计变更、工程洽商、现场签证所发生的费用导致总价增减外，一次性包死。

表11-1　3~5#楼及地下车库工程造价计算

序号	楼号	结构形式	层数	建筑面积（m²）	单方综合造价（含税，元/m²）	工程造价合计（元）
1	3#楼	剪力墙结构	地上11层 地下2层	8480.69	1700	14417173
2	4#楼	剪力墙结构	地上11层 地下2层	9261.02	1700	15743734
3	5#楼	剪力墙结构	地上23层 地下2层	18170.43	1750	31798252
4	地下车库	框架结构	地下1层	11252.10	2000	22504200
总计				—	—	84463359

注：表中地下车库不含人防工程。

钢材、混凝土调差基数空缺，调整范围±5%以内（含±5%）不增不减，超过±5%以外部分按实调差，调整周期为2个月，调差价格按供货当时现款购买的钢材、混凝土价格及双方签字确认的此阶段实际使用的钢材混凝土数量计算，经甲乙方、监理在钢材、混凝土调差确认单上签字后，钢材、混凝土调差总价款方可列入结算款项。工程变更单、工程洽商、现场签证所发生的费用项设计预算价小于或等于2000元，合同造价不调整。超过2000元的变更，乙方依据《全国统一建筑装饰装修工程消耗量定额河北省消耗量定额》（HEBGYD-B—2012）编制并执行现行市场标准计费，经甲方确认后进行结算。

框架合同首部双方约定：在建筑市场公开招标或备案过程中签订的任何文字、文件、协议合同如与本协议有冲突之处均以本协议为准。

2. 工期

备案合同工期：计划开工日期为 2021 年 3 月 1 日，竣工日期为 2023 年 3 月 20 日。

框架合同工期：以甲方书面通知为准计算实际工期。

3. 工程合同约定的工程承包范围

备案合同：承包内容为 3～5♯三栋住宅楼、9♯商业及地下车库，承包范围为经审查合格施工图纸范围内全部土建及水、电暖、消防等安装工程施工，总建筑面积 57751.43m²。

框架合同：承包范围为住宅小区一期一标段 3～5♯楼及地下车库施工图纸范围内土建、装修、水电暖除甲方独立分包项目外的内容，总建筑面积 47164.24m²。甲方独立分包项目主要为地基处理、土方开挖、回填，基坑支护工程，门窗安装工程，电梯设备及安装，消防、通风、新风、智能化安防、太阳能设备采购及安装工程，除公共楼梯间栏杆之外的所有栏杆工程，车库地坪漆及交通设施工程。

对案例的特殊说明：框架合同承包范围内无 9♯楼及其位置地下车库，已完工程也没有 9♯楼内容。

二、案件争议焦点和造价鉴定难点

（一）案件争议焦点

（1）当事人签订的施工合同框架与备案施工合同的关系及二者的效力。

（2）直接发包工程备案预算书的法律地位，可否作为已完工程造价鉴定的依据。

（3）非工程量清单计价模式下签订的单价合同，材料设备市场价格波动价差调整，风险因素、调整方法约定不明，是否调整价差，如何调整。

（4）在合同解除、违约责任尚未明确的情况下，损失费用计算、违约责任承担，如何处理。

（二）造价鉴定难点

（1）多份施工合同项目的鉴定，如委托书没有明确鉴定的合同依据，鉴定人如何做好庭前、庭审沟通，争取在鉴定意见出具前，委托人能明确鉴定的合同效力或鉴定合同依据。

（2）承包合同对工程结算原则未做约定，鉴定技术路线选择如何与合同价款构成保持口径基本吻合。

（3）在总价合同或单价合同情况下未按合同约定完成全部承包内容，如何确定已完工程造价鉴定原则。

（4）在合同解除责任没有界定的前提下，对未摊销临时设施，材料设备租赁费，未施工项目预期利润等鉴定原则如何确定。

（5）包工包料承包合同，已进场未安装的材料归属及费用承担如何确定。

三、鉴定情况

(一) 司法鉴定委托人提供鉴定材料的内容

(1) 鉴定委托书；
(2) 民事起诉状、鉴定申请书，补充造价鉴定申请书；
(3) 庭审笔录、质证意见；
(4)《建设工程施工合同》《工程施工总承包合同框架》；
(5) 建筑工程直接发包合同价备案意见书、备案工程预算书；
(6) 施工图纸、图纸会审记录；
(7) 工程联系单、租赁合同、出库单、建筑工程材料认质认价单等证据材料；
(8) 工程变更、洽商、签证资料；
(9) 已完工程边界确认单，水电预留预埋施工界面情况说明；
(10) 预留钢筋工程量、已完工程量主材对量清单；
(11) 相关费用资料。

(二) 工程造价司法鉴定情况

1. 鉴定项目风险分析

经对鉴定资料进行分析发现，该项目存在的风险主要为以下两点。

(1) 鉴定工作实施过程中，委托人对两份施工合同的效力不宜定性；双方当事人对已完工程造价确定合同依据、计价原则存在严重分歧，直接发包备案合同、实际履行合同两者的证据采信在出具委托书时未明确，鉴定意见难以确定。

(2) 鉴定原则：房地产开发项目总价合同已完工程造价鉴定计算原则，工程所在地定额标准计价数据，地产项目市场承包价格等差异因素分析、处理原则，对鉴定结果的影响为重大风险事项。

按照鉴定机构对鉴定项目的风险分类制度，结合本项目鉴定标的额、有关风险事项，综合确定该项目风险类别为 A 类（最高级别）。

2. 鉴定过程

(1) 委托人第一次委托。

① 2022 年 6 月 6 日，收到该案件第一次鉴定委托书及相关鉴定材料，对鉴定证据材料进行分析、风险评估，针对双方当事人最大的争议焦点——两份合同的效力问题，委托书未明确按照哪份合同进行鉴定，备案合同也未约定工程结算原则，鉴定人建议委托人庭审明确。

② 2022 年 6 月 16 日、7 月 4 日，鉴定人参加委托人组织的询问、庭审，双方当事人达成一致意见，同意按备案的《建设工程施工合同》及备案工程预算书相同计算口径对已

完工程造价进行鉴定，形成庭审笔录作为鉴定证据。

③ 庭审后鉴定人即向委托人发出《关于鉴定委托的复函》，愿意接受委托，依据收费标准对鉴定费进行测算报价。

④ 2022 年 7 月 4 日、7 月 28 日、10 月 28 日，双方当事人分别按照庭审记录补充临时设施、施工界面划分等证据资料。

⑤ 2022 年 7 月 20 日，委托人组织双方当事人代理人、鉴定人进行现场勘验，共同签署现场勘验记录。

⑥ 2022 年 7 月 28 日，鉴定人参加庭审质证，收到庭审笔录及双方当事人提交的补充证据材料。9 月 5 日收到被告补充提交保温板采购合同及原告对采购合同的质证意见。

⑦ 本着合法、独立、客观、公正的原则，鉴定人出具了工程造价鉴定意见书（征求意见稿），充分听取双方当事人的陈述意见。

⑧ 2022 年 9 月 19 日，鉴定人收到原告回复意见；10 月 13 日收到原告补充证据材料，生活区彩钢房内部班组承包施工结算单、临建道路硬化款项支付申请表，以及被告对上述补充证据材料的质证意见。

⑨ 2022 年 10 月 13 日，收到被告回复意见。经委托人同意，10 月 15 日、16 日与被告对其提出的钢筋数量差异进行核对。

⑩ 2022 年 11 月 1 日，鉴定人及双方当事人，就钢管扣件塔吊租赁费、已完工程钢筋价差调整、未摊销模板费用、现场临时设施范围等争议事项，共同与委托人进行沟通。

⑪ 2022 年 11 月 3 日，原告补充提交同期其他工程商品混凝土供应合同，经与委托人沟通，鉴定人对补充证据的意见进行记录。

⑫ 在此基础上，通过对已提交的鉴定材料的认真分析研究、复核计算，依据国家相关法律法规、标准规范、相关行业规范性文件的规定，备案建设工程施工合同及预算书，结合该工程的实际情况，2022 年 11 月 12 日，鉴定人出具了备案合同结算原则下的工程造价鉴定意见书。

（2）委托人第二次委托。

① 在案件审理过程中，2023 年 2 月 13 日，原告提出造价鉴定补充申请，主张在一审中按照 2020 年 8 月双方签订的《工程施工总承包合同框架》约定对已完工程造价进行补充鉴定，以避免二审法庭可能采纳实际履行的框架合同而没有鉴定意见无法裁判、发回重审的尴尬境地。委托人按照原告申请，再次委托鉴定人对案涉工程进行鉴定，委托书明确了依据当事人签订的《工程施工总承包合同框架》、总价合同约定，对已完工程造价进行鉴定。

② 鉴定人按照鉴定程序，完成关于鉴定委托的复函、鉴定费测算报价，申请人预交鉴定费用后开展鉴定工作，2023 年 4 月 21 日出具了工程造价鉴定意见书（征求意见稿），对征求意见稿异议问题进行分析、复核、回复，并与委托人沟通合同框架约定，对钢筋、预拌混凝土价差进行调整，但合同未约定价差调整基数情况下的鉴定原则，达成一致意见后，出具鉴定意见书正式稿。

3. 鉴定依据

（1）行为依据。

鉴定委托书。

（2）法律法规及政策依据。

①《中华人民共和国建筑法》《中华人民共和国合同法》《中华人民共和国民事诉讼法》；

②《中华人民共和国民法典》；

③《中华人民共和国招标投标法》《中华人民共和国招标投标法实施条例》；

④《最高人民法院关于审理建设工程施工合同纠纷案件适用法律问题的解释（一）》；

⑤《最高人民法院关于民事诉讼证据的若干规定》；

⑥《建设工程造价鉴定规范》GB/T 51262—2017。

（3）计量与计价依据。

① 鉴定委托书、申请书、民事起诉状；

② 质证笔录、询问笔录、现场勘验记录；

③《建设工程施工合同》、工程预算书，《工程施工总承包合同框架》；

④ 施工图纸，已完工程边界确认单，水电预留预埋施工界面情况说明；

⑤ 图纸会审记录、工程变更通知单、工程洽商记录、工程签证单等；

⑥ 材料认价单、设备租赁合同、临建工程施工安装合同或结算单等；

⑦《全国统一建筑工程基础定额河北省消耗量定额》（HEBGYD-A—2012）、《全国统一建筑装饰装修工程消耗量定额河北省消耗量定额》（HEBGYD-B—2012）、《全国统一安装工程预算定额河北省消耗量定额》（HEBGYD-C—2012）、《河北省建筑、安装、市政、装饰装修工程费用标准》（HEBGFB-1—2012），以及其配套的税金、规费、安全生产文明施工费、人工费等调整文件，工程所在地省市建设工程造价管理站发布的《建设工程造价信息》、市场价格资料。

⑧ 河北省统计局发布的建筑业企业主要经济指标。

⑨ 其他相关资料。

4. 鉴定范围

根据鉴定委托书、工程施工合同、当事人质证认可的鉴定材料，已完工程边界确认单、水电预留预埋施工界面情况说明，现场勘验记录、询问笔录，鉴定范围及主要内容如下。

（1）3～5♯楼及周边车库、9♯楼位置地下车库已完工程造价。

住宅楼：钢筋混凝土筏板基础，地下、地上已施工的墙、梁、板、柱、楼梯、阳台、门厅等钢筋及混凝土，已施工完成外墙保温板。水暖套管、电气线管、配电箱箱体预留预埋，筏板预埋排水管。

地下车库：独立基础土方，混凝土垫层，独立基础，防水筏板，已施工的钢筋混凝土框架柱、梁、板、楼梯，后浇带混凝土未浇筑，梁、板等部位预留钢筋等。管线、排水管预留预埋。

（2）未摊销临时设施等费用。

包括办公区、生活区、施工区临时道路地面硬化、围墙砌筑、活动彩钢板房、围挡、加工棚、配电防护棚、安全标语、临水临电等。

（3）钢管、扣件、塔吊租赁费。

（4）未摊销模板费用。

（5）已进场未安装钢筋、保温材料价款。

（6）未施工项目预期利润，未施工项目主要为9#楼，以及承包合同内已完工项目以外的工程内容。

5. 鉴定方法

（1）2022年6月6日第一次委托，按照备案的《建设工程施工合同》进行鉴定。

直接发包备案《建设工程施工合同》没有约定结算原则，鉴定人依据被告申请、已提交的鉴定证据材料，庭审笔录双方当事人认可的备案工程预算书相同的口径，计算已完工程造价。通过对现状实物的勘查、核实、清点、测量、专业分析判断等，对已完工程造价、相关费用索赔、材料价款、未施工项目预期利润，分别采用不同的技术路线进行鉴定。

① 已完工程造价。

a. 原被告对已完工程范围、计价原则没有争议部分，出具确定性意见。

工程量计量：依据《全国统一建筑工程基础定额河北省消耗量定额》（HEBGYD-A—2012）、《全国统一建筑装饰装修工程消耗量定额河北省消耗量定额》（HEBGYD-B—2012）、《全国统一安装工程预算定额河北省消耗量定额》（HEBGYD-C—2012）的计量规则，设计施工图纸、图纸会审记录，双方认可的已完工程边界确认单，水电预留预埋施工界面情况说明，预留钢筋工程量、已完工程量主材对量清单，现场勘验记录等进行计量。

计价及取费标准：材料单价、规费、安全生产文明施工费、税金，执行备案工程预算书相关数据。

二次结构未施工，垂直运输费经鉴定人专业分析判断，按定额标准的80%计取，电梯井子架按层数折算。

b. 原被告存在争议事项，出具选择性意见。

《建设工程施工合同》对市场价格波动约定调整合同价格，调整方法另行协商，基期价格无约定，详见本案例"工程合同情况"介绍。证据材料中提交了钢筋认价单，未提交预拌混凝土认价单或采购价格资料，是否调整两种材料价差，以何种价格与备案预算价、基期信息价等比较调整价差，也是当事人争议的焦点，委托人也未明确鉴定方法。

鉴定人综合分析已提交的证据材料、相关计价文件，与委托人沟通，按委托人决定对钢筋、混凝土价格调整差价，按钢筋认价单价格、同时期类似房地产项目混凝土采购市场价格与备案预算中价格相关数据比较调整价差，出具选择性意见，供委托人判断使用。

② 费用索赔争议鉴定。

对申请鉴定的费用索赔等事项，因合同约定不明、违约责任界定证据缺失，委托人暂不明确鉴定要求的，鉴定人出具选择性意见，供委托人判断使用。

a. 未摊销临时设施等费用。

《建设工程施工合同》解除责任未界定，已提交的证据资料对临时设施等费用摊销标准没有约定，行业计价标准、规范也没有明确规定。临时设施等摊销费用按河北省 2012 年定额标准计算的数据与项目实际支出不一定吻合，当事人提交的现场临时设施证据资料部分有合同价格、部分则没有，对未摊销临时设施等费用的计算方法不同，鉴定结果也会存在差异。基于上述原因，经与委托人沟通，该部分费用由鉴定人进行专业判断，出具选择性意见。

依据提交的临时设施相关证据材料，计算临时设施等费用总金额。采用当事人认可的办公区、生活区、施工区临水临电清算单计算工程量。生活区彩钢板房，按原告提交的，当事人认可的内部班组承包施工结算单计算；办公区、生活区道路地面硬化，按原告提交的，当事人认可的支付申请表金额计算；办公区彩钢板房，参照类似项目办公区临建工程施工合同、购销合同单价计算。其余项目采用 2012 年河北省消耗量定额、工程费用标准及相关政策性文件规定。不锈钢伸缩门、成品化粪池、门禁系统、指纹锁防盗门、新冠测温仪价格按已提交的发票金额计算，其余材料执行施工期间某市建设工程造价服务中心发布的《某市建设工程造价信息》、市场价。

鉴定人进行专业分析判断考虑的主要影响因素。按未完工程造价占备案合同总造价的比例分摊临时设施等费用的总金额；按未完工程建筑面积占备案合同总建筑面积的比例分摊临时设施等费用的总金额。临时设施等费用总金额中的部分项目按 2012 年河北省定额标准计算，已完工程造价的安全生产文明施工费按备案预算标准计算，确定计算结果与当事人没有提供的临建采购、购买价格或施工安装结算价格的差距。

考虑上述不同的影响因素，鉴定人给出未摊销临时设施等费用区间价格，没有考虑原告将剩余工程承包给后续施工人，是否继续使用已搭建临时设施的影响。

b. 钢管、扣件、塔吊租赁费。

钢管、扣件数量和单价，按已提交的租赁站出库单和租赁合同确定。塔吊租赁单价，按内部班组承包施工结算单确定。当事人对租赁期限存在分歧，经与委托人沟通，钢管、扣件、塔吊租赁费用分别按照以下时间段计算，出具选择性意见。

原被告均认可的起止日期：2021 年 9 月 15 日至 2021 年 9 月 24 日。

一审法院已确定的合同解除判决日：2021 年 9 月 25 日至 2022 年 3 月 11 日。

鉴定机构现场勘验日：2022 年 3 月 12 日至 2022 年 7 月 20 日。

c. 未摊销模板费用。

案涉工程施工合同承包内容没有全部完成，对于模板是否按照常规施工组织设计摊销，当事人存在分歧，鉴定人按 2022 年 7 月 4 日质证意见，模板自有周转，出具选择性意见。

未摊销模板费用＝（已完工程模板工程量－已完工程按 2012 年河北省计价依据计算

的摊销量)×备案工程预算书模板单价。

d. 已进场未安装钢筋、保温材料价款。

施工合同未约定合同解除后已进场材料的归属及其计价方法，鉴定人将该事项向委托人说明，按照质证意见进行鉴定。数量按双方认可的未使用钢筋材料移交建设单位汇总表、现场剩余外墙保温材料明细表中数据确定。钢筋单价取已提交的建筑工程材料认质认价单中平均单价，保温材料单价取采购合同单价。依据质证意见，鉴定价款未考虑材料长期存放后期使用存在的不利因素影响，出具选择性意见，供委托人判断使用。

e. 未施工项目预期利润。

依据质证意见，该部分费用鉴定意见未考虑违约责任因素，出具选择性意见。

未施工项目预期利润＝(备案合同总价-已完工程造价)×当地建筑企业平均利润率。

当地建筑企业平均利润率参考河北省统计局发布的建筑业企业主要经济指标。

③ 对鉴定意见书（征求意见稿）的调整事项。

生活区彩钢板房，按原告补充提交、质证时被告认可的内部班组施工结算单价格调整，办公区、生活区道路地面硬化，按原告补充提交、质证时被告认可的支付申请表金额调整。其他调整事项有沉淀池、化粪池数量调整，施工区加工棚棚顶脚手板定额单价调整，部分临电配电箱材料价格调整；3#楼、4#楼、地下车库钢筋工程量调整，已完工程冬季施工增加费调整，已完工程钢筋价格的计算标准调整，已完工程预拌混凝土价格的计算标准调整。

(2) 2023年2月13日第二次委托，按照《工程施工总承包合同框架》鉴定。

该合同框架约定为"完成合同约定的全部承包内容，以建筑面积据实结算乘综合单价的总价合同"。在当事人双方发生合同争议，施工总承包合同约定的工程内容没有全部完成的情况下，对于如何确定已完工程价款，施工合同没有明确约定。鉴定人经综合分析，分别采取以下方法进行鉴定。

① 已完工程造价。

a. 鉴定原则。

鉴定原则为河北省高级人民法院印发的《建设工程施工合同案件审理指南》第12条："建设工程施工合同约定工程款实行固定价，如建设工程尚未完工，当事人对已完工程造价产生争议的，可将争议部分的工程造价委托鉴定，但应以合同约定的固定价为基础，根据已完工程占合同约定施工范围的比例计算工程款。即由鉴定机构在同一取费标准下分别计算出已完工程部分的价款和整个合同约定工程的总价款，两者对比计算出相应系数，再用合同约定的固定价乘以该系数，确定工程价款。"

b. 鉴定方法。

总承包合同约定的承包范围内各单体工程造价 A：各单体工程的工程量依据施工图分别计算，执行2012年河北省消耗量定额及工程费用标准，材料价格参照总承包合同签订时基准日，即2020年第4期7月《某市建设工程造价信息》及市场价，人工费执行某市规定，规费执行河北省住房和城乡建设厅《关于完善建筑业企业规费计取有关工作的通知》,安全生产文明施工费执行《河北省住房和城乡建设厅关于调整安全生产文明施工费费率的通知》,税金执行《建筑业营改增河北省建筑工程计价依据调整办法》《关于更新调整〈建筑业营改增河北省建筑工程计价依据调整办法〉的通知》。

计算各单体工程已完工程造价 B:各单体工程已完工程的工程量,分别依据各单体工程的施工图、图纸会审记录,双方认可的已完工程边界确认单、水电预留预埋施工界面情况说明、预留钢筋工程量、已完工程量主材对量清单、现场勘验记录等资料计算。执行定额标准、材料价格、人工费、规费、安全生产文明施工费、税金计取标准,同施工总承包合同约定的全部承包范围内造价 A 计价口径一致。

各单体工程完工比例系数 C:各单体工程已完工程造价占总承包合同各单体工程约定全部承包范围内造价的比例系数 $C=B/A$。

《工程施工总承包合同框架》约定的各单体工程总价 D,按合同框架数据确定。

各单体已完工程鉴定造价 $E=D\times C$。

② 钢筋、预拌混凝土价差调整。

《施工总承包合同框架》约定对钢筋、预拌混凝土价差进行调整,但调差对比基数未明确,鉴定证据资料提供了钢材认价单,没有提供预拌混凝土认价单和采购价格资料,经与委托人沟通,分别按照不同的对比基数进行调差计算,出具三种不同的推断性意见,供委托人判断使用。

推断性意见一:将钢筋认证价、混凝土施工同期类似工程合同价与基期信息价比较调整价差。

钢筋:将认证价与基期信息价比较计算价差。基期信息价采用 2020 年第 4 期 7 月《某市建设工程造价信息》价格,认证价采用认质认价单平均价,对合同约定超过±5%以上部分调整价差。

预拌混凝土:将施工同期类似工程合同价与基期信息价比较计算价差。基期信息价采用某市建设工程造价管理站发布的 2020 年第 4 期 7 月《某市建设工程造价信息》价格,施工同期类似工程合同价采用原告提交同时类似工程合同价,对合同约定超过±5%以上部分调整价差。

推断性意见二:将钢筋认证价、混凝土施工期间市场价与基期市场价比较调整价差。

钢筋:将认证价与基期市场价比较计算价差。基期市场价采用 2020 年 7 月 15 日我的钢铁网中某市平均价,认证价采用认质认价单平均价,对合同约定超过±5%以上部分调整价差。

预拌混凝土:将施工期间市场价与基期市场价比较计算价差。基期市场价采用鉴定机构调查的 2020 年 7 月市场价,施工期间市场价采用鉴定机构调查的 2021 年 4 月至 8 月市场价,对合同约定超过±5%以上部分调整价差。

推断性意见三:将钢筋、混凝土施工期间信息价与基期信息价比较调整价差。

钢筋、预拌混凝土基期信息价均采用 2020 年第 4 期 7 月《某市建设工程造价信息》价格,施工期间信息价均采用 2021 年 4 月至 8 月《某市建设工程造价信息》价格,对合同约定超过±5％以上部分调整价差。

③ 施工总承包合同框架承包范围外已完工程造价。

经与委托人沟通，9#楼位置地下车库，参考施工总承包合同框架承包范围内已完工程鉴定方法出具鉴定结果，鉴定意见单独列示，供委托人判断使用。

已完工程比例系数 G：参照合同承包范围内各单项工程合计总造价计算比例系数，$G=\Sigma D/\Sigma A$。

ΣD：施工总承包合同框架约定的各单项工程合计总价。

ΣA：施工总承包合同框架约定的承包范围内各单项工程按定额计算的造价合计。

④ 对鉴定意见书（征求意见稿）的调整事项说明。

5#楼已完工程地上部分垂直运输费计取比例调整为80％；冬季施工增加费依据《2012年河北省建筑工程计价依据解释汇编》按50％计取；钢筋、预拌混凝土价格的计算按标准调整。

6. 鉴定人对焦点、难点事项的处理

（1）针对鉴定实施过程中两份施工合同的效力，委托人暂时不宜确定，对于直接发包工程备案预算书可否作为已完工程造价鉴定的依据，鉴定人及时、有效地与委托人沟通，采取询问、质证等方式，达成质证意见作为鉴定依据，或者提请委托人决定，并按其决定进行鉴定。

（2）由于承包合同对价格调整风险因素、调整方法等无约定，对于当事人提交证据资料，质证后仍存异的项目，鉴定人结合当事人的不同诉求、证据资料，出具选择性意见或推断性意见。如对已完工程钢筋、预拌混凝土价差调整，实际履行合同约定调整价差，但未明确调差对比基数。证据资料只提供了钢材认价单，没有提供预拌混凝土认价单或采购价格资料，调差价格取算术平均值、加权平均值等，对鉴定意见均有较大影响。鉴定人结合行业惯例、项目实际情况进行专业分析判断，与委托人沟通后，给出三种不同的推断性意见。

（3）对施工合同未约定、法规未明确的未摊销临时设施、模板费用和材料设备租赁费、未施工项目预期利润等，鉴定人经专业分析判断，结合同时期同类型项目价格、建筑行业统计数据等，出具推断性、选择性意见。

7. 鉴定意见

（1）基于备案的《建设工程施工合同》的鉴定意见（表11-2和表11-3）。

表11-2 已完工程造价

序号	名称	确定性意见造价（元）	选择性意见造价（元）	争议内容说明
1	确定性意见	26162521		
1.1	3#楼	3236942		
1.2	4#楼	3078614		

续表

序号	名称	确定性意见造价（元）	选择性意见造价（元）	争议内容说明
1.3	5#楼	5370771		
1.4	地下车库：3～5#楼周边	4282639		
1.5	地下车库：9#楼位置	10193555		
2	选择性意见			
2.1	已完工程钢筋价差调整		2456883	将钢筋认价单、预拌混凝土施工期市场价与备案预算价格数据比较调整价差
2.2	已完工程预拌混凝土价差调整		－2485131	

表 11-3 费用索赔争议

序号	名称		选择性意见金额（元）	争议内容说明
1	未摊销临时设施等费用		1285000～1540000	分摊方法等没有明确规定或约定，不同摊销方式影响鉴定结果，鉴定人经专业分析判断，出具区间价格意见
2	钢管、扣件、塔吊租赁费	起止日期2021年9月15日至9月24日	49155	原被告认可的起止日期
		起止日期2021年9月25日至2022年3月11日	828294	一审法院已确定的合同解除判决日
		起止日期2022年3月12日至2022年7月20日	597960	鉴定机构现场勘验日
3	未摊销模板费用		774883	按质证意见、自有周转
4	已进场未安装钢筋、保温材料价款		2683637	未考虑长期存放再次使用时的不利因素
5	未完工项目预期利润		2748430	依据质证意见未考虑违约责任因素

（2）基于《工程施工总承包合同框架》的鉴定意见（表11-4～表11-6）。

表 11-4 承包范围内已完工程造价

工程名称	施工总承包合同约定承包范围内定额造价（元）	已完工程定额造价（元）	已完工程定额造价占施工总承包合同约定承包范围内造价的比例系数	施工总承包合同约定的总价（元）	已完工程鉴定造价（元）
	A	B	$C=B/A$	D	$E=DC$
3#楼	16582532	3236366	19.52%	14417173	2814232
4#楼	18619720	3084487	16.57%	15743734	2608737

续表

工程名称	施工总承包合同约定承包范围内定额造价（元）	已完工程定额造价（元）	已完工程定额造价占施工总承包合同约定承包范围内造价的比例系数	施工总承包合同约定的总价（元）	已完工程鉴定造价（元）
	A	B	C＝B/A	D	E＝DC
5#楼	39809010	5370713	13.49%	31798252	4289584
地下车库：3～5#楼周边	29184904	4262708	14.61%	22504200	3287864
合计	104196166	15954273	—	84463359	13000417

表 11-5　施工合同承包范围外已完工程造价

楼号	施工总承包合同约定承包范围内定额总造价（元）	施工总承包合同约定的总价（元）	施工总承包合同约定的总价占合同约定承包范围内定额总造价的比例	承包范围外已完工程定额造价（元）	承包范围外已完工程鉴定造价（元）
	ΣA	ΣD	$G=\Sigma D/\Sigma A$	F	H＝GF
地下车库：9#楼位置	104196166	84463359	81.06%	10286072	8337890

表 11-6　已完工程钢筋、预拌混凝土价差调整

	名称	施工合同承包范围内（元）	施工合同承包范围外（元）	合计（元）
推断性意见一：与基期信息价比较	钢筋认证价	1089511	938643	2028154
	预拌混凝土施工同期类似工程合同价	－1279075	－835844	－2114919
	小计	－189564	102799	－86765
推断性意见二：与基期市场价比较	钢筋认证价	1084682	941423	2026105
	预拌混凝土施工期间市场价	－445188	－286357	－731545
	小计	639494	655066	1294560
推断性意见三：与基期信息价比较	钢筋施工期信息价	1365716	1160754	2526470
	预拌混凝土施工期信息价	－322601	－211441	－534042
	小计	1043115	949313	1992428

（三）案件当事人对造价鉴定意见的异议问题

1. 已完工程施工期未涉及冬季，是否应扣减冬季施工增加费

依据《2012年河北省建筑工程计价依据解释汇编》，只在冬季施工时，雨季施工增加费计取50%；只在雨季施工时，冬季施工增加费计取50%，鉴定意见予以调整。

2. 关于未摊销临时设施费用计算方法的争议

双方签订的《建设工程施工合同》等资料对临时设施等费用摊销标准没有约定，行业计价标准、规范也没有明确规定。针对该事项鉴定人在鉴定实施过程中多次与委托人沟通，审判庭组织庭审形成庭审笔录，原被告均同意按现场实际情况鉴定，但当事人均没有全面提交临时设施的实际投入证据资料，临时设施等摊销费用按2012年河北省定额标准计算的数据与个体项目实际支出不一定吻合，对未摊销临时设施等费用的计算方法不同，结果也会不同。基于上述原因，鉴定人与委托人沟通，该部分造价由鉴定人进行专业判断，出具选择性意见，供委托人判断使用，并在鉴定意见中进行详细说明。

3. 模板工程量、摊销次数、价格异议

当事人提出已完工程实际投入现场的模板工程量、摊销量等，与鉴定意见按2012年河北省消耗量定额计算规则计算出的消耗量存在差异，但截至工程造价鉴定意见出具之日，当事人均未提交模板实际投入、消耗数量情况的相关证据材料，鉴定意见未予调整。已提交证据材料中没有关于模板的认质认价单，鉴定意见未予调整。

4. 其他周转材料是否属于鉴定范围的问题

鉴定意见书（征求意见稿）出具后当事人提出异议，要求对工程使用的钢模板、支撑方木、木脚手板也进行鉴定，因鉴定申请书未提出，委托书没有明确，不属于鉴定范围，故未予鉴定。

5. 钢筋工程量差异、价格取定问题

鉴定意见书（征求意见稿）钢筋工程量合计为1555.88t，被告提出钢筋工程量合计为1609.236t，工程量少计53.358t。经委托人同意，鉴定人与当事人对钢筋工程量进行逐项核对，核对后调整3#楼、4#楼、地下车库钢筋工程量2.24t。

钢筋单价取认证价格的加权平均单价还是算术平均单价，证据资料中没有提交与认证价匹配的各规格钢筋数量，在委托鉴定过程中鉴定人与委托人反复沟通，鉴定意见将已完工程钢筋按照已提交证据材料建筑工程认质认价单中的平均单价计算价差，并单独列示，供委托人判断使用。

6. 已进场未安装钢筋是否应考虑后期降级使用、除锈等费用因素

鉴定申请书及庭审笔录、质证资料，均没有提出对已进场未安装钢筋除锈剂、钢筋降级费用事项进行鉴定。鉴定意见书（征求意见稿）在鉴定方法中已进行影响因素说明，未考虑此项费用因素。

四、出庭作证情况

在鉴定过程中，针对当事人分歧较大的事项，鉴定人参与了庭审质证，鉴定人提出专业分析参考意见，按照质证笔录出具鉴定意见，委托人没有通知鉴定人出庭作证。

本案一审法院出具判决书，认定2020年8月当事人签订的"工程施工总承包合同框架"系双方真实意思的表示及实际履行的合同，已完工程造价参照第二次委托鉴定意见数

据，合同承包范围内鉴定造价为 13000417 元，承包范围外项目鉴定造价为 8337890 元，已完工程钢筋、预拌混凝土价差调整采纳推断性意见二，即钢筋认证价、预拌混凝土施工期间市场价与基期市场价比较的鉴定意见，钢筋调差 2026105 元、混凝土调差 -731545 元。关于未摊销临时设施费，当事人没有明确约定，且无法达成一致意见，参照第一次委托的鉴定数据价格区间，一审法院结合当事人合同解除的过错责任，酌情认定原告摊销的临时设施费为 1300000 元。钢管、扣件、塔吊租赁费因证据不足，一审法院未予支持。未摊销模板费用，其他证据证明被告已将模板撤离施工现场，一审法院未予支持。已进场未安装钢筋、保温材料价款，一审认为已进场材料已为案涉工程部分加工完成，且鉴定过程中当事人双方均未对现场钢筋提出异议，采纳了鉴定选择性意见 2883637 元。不存在原告未按合同支付节点支付工程款的情况，被告主张的未施工项目预期利润、窝工损失的诉讼请求，一审法院不予支持。二审维持一审判决。

五、心得体会

(一) 在鉴定实务中，如何把控好鉴定权和司法审判权的界限

在鉴定过程中，鉴定人员对合同效力进行分析，有助于鉴定工作的良好实施，以及鉴定意见的合理采纳。本案中有当事人提交的合同的履行责任相关条款，合同承包范围与施工内容关联，发包人另行分包的专业工程内容、时间节点，支付凭证执行的合同价格数据，实际开工时间与合同签订时间的关联，往来函件指向实际履行合同等证据，鉴定人虽能分析实际履行合同，但对于鉴定合同依据、鉴定技术路线的选择，鉴定人应准确地把握鉴定权和司法审判权的界限，鉴定人只协助解决专业技术问题，不能代替法官对合同效力、合同解除违约责任进行认定，应严格按照委托人的决定要求进行鉴定，提供多种法律适用情况下的鉴定意见。

(二) 施工合同条款未明确结算原则，按组成合同的其他资料解释顺序进行鉴定

鉴定依据的备案施工合同条款未约定工程结算原则、计价方法，鉴定人在开庭询证、沟通的过程中，向委托人提出"参照鉴定项目所在地同时期适用的计价依据、计价方法和签约时的市场价格信息进行鉴定"的建议，人工费、材料费、机械费及各项取费标准可参考证据材料"直接发包工程备案预算书"价格构成数据资料，得到委托人、当事人认可后，最终按委托人的决定进行鉴定，降低了当事人否决鉴定结果的风险。

(三) 未采用工程量清单计价签订的合同，主要材料价格波动风险调整

对于主要材料价格波动风险的调整，如施工承包合同约定不详、不明，未约定是否调整等，鉴定人应结合已提交的证据材料，合同价格构成，鉴定项目所属行业类似工程风险

调整惯例，实际施工期间材料价格变动对工程总价款的影响程度，以及维护和平衡发承包双方之间利益等方面，多角度考虑，合理分摊发承包双方风险，提出专业意见，按照委托人的决定出具鉴定意见。

（四）鉴定人如何提升承包合同未约定，又未形成工程实体的费用索赔鉴定能力

工程造价司法鉴定对专业人员的要求高，鉴定人需要对鉴定相关的法律法规、技术规范、专业计价标准等能全面理解并灵活运用，多数是在鉴定证据当事人互不认可，合同内容不全、意思不明、前后矛盾不一致的情况下做出鉴定。鉴定意见能否作为审判证据被采信，是对鉴定人员综合知识运用能力、专业判断能力、沟通技巧、语言表达及反应能力的考验。鉴定范围中费用索赔鉴定更是难中之难，鉴定人一定要与委托人沟通，扎实分析当事人争议的焦点、难点问题，综合考虑各种有利、不利因素，合情合理地确定鉴定意见的类型。

（五）未施工项目预期利润鉴定要点

《建设工程造价鉴定规范》指出，因发包人原因，发包人删减了合同中的某项工作或工程项目，承包人提出应由发包人给予合理的费用及预期利润，委托人认定该事实成立的，鉴定人进行鉴定时，预期利润可按相关工程项目报价中的利润的一定比例或工程所在地统计部门发布的建筑企业统计年报的利润率计算。对承包人对未施工项目预期利润的索赔进行鉴定的前提，是未施工项目确属于鉴定依据的施工合同承包范围内容，如委托人明确合同解除责任，按照规范进行鉴定。如鉴定过程中，委托人暂不宜界定责任方，鉴定人同委托人沟通，通过庭审询证，依据质证意见进行鉴定。如鉴定证据达不到鉴定条件，应在鉴定意见中说明不予鉴定的原因，且不可盲从鉴定。

12. 某住宅小区项目工程造价司法鉴定

——河北友谊永泰工程造价咨询有限公司

李红梅　于喜然　韩星星

一、案情简介

原告为某劳务公司；被告一为某房地产公司（以下简称"开发商"），被告二为某建筑公司（以下简称"建筑公司"）。

法院委托鉴定机构对原告实际施工的某住宅小区C区车库，3#、5#、6#楼及1#商业楼工程量及工程造价进行司法鉴定。

车库及3#、5#、6#楼，建筑面积53876.09m²，3#、5#楼为框架剪力墙结构，地上18层；6#楼为框架剪力墙结构，地上26层；车库为框架结构，地下1层；1#商业楼建筑面积1490.22m²，框架结构，地上2层。

原告借用被告二资质与被告一签订两份建设工程施工合同，并在政府部门办理备案登记，对车库及1#商业楼，3#、5#、6#住宅楼进行垫资施工，于2013年9月1日通过建设主管部门竣工验收。被告一拒不按照合同审核增减项确认工程量，也不按照合同约定的价款确认，原告诉至法院，通过法律手段解决双方争议。

鉴定机构收到委托书后，对项目情况进行了解，合理选择各专业鉴定人员，确定公司及鉴定人员与本项目均无需要回避情形后，复函法院接受委托，编制工作方案，开展鉴定工作。

二、案件争议焦点和造价鉴定难点

本案争议焦点和造价鉴定难点是合同问题、人工材料调整的时间节点问题、分包工程配合费的基数问题。

(一) 案件争议焦点本案的争议焦点在于采用哪份合同进行造价鉴定。

(1) 原告提交了C区车库及3#、5#、6#楼，1#商业楼两份建设工程施工合同，签订时间为2010年12月8日，且此两份合同已在建设主管部门备案登记。但被告二认为合同加盖的印章需要核实，此合同的效力需要法院审理确定。

C区车库及3#、5#、6#楼施工合同约定：承包范围是工程量清单所含内容。合同工期从2010年12月8日至2012年6月7日，日历天数547天；合同价款的约定与调整因素：采用固定单价方式，发包方或承包方对合同价款提出调整时调整。合同价款调整方法：C区车库和3#、5#、6#楼合同总价暂定73697083.81元。合同价款的调整因素除包括通用条款第57.2条第1款至第8款规定外，还包括以下调整因素：发包方或承包方对合同价款提出调整时调整。合同价款调整方法按照施工合同第二部分通用条款第60条及其他约定：①材料价格按施工期间造价信息调整；②依据河北省2008年消耗定额计价；③工程量按图纸及签证、变更、定额计算规则计算；④措施费依据河北省2008年消耗定额计取。合同第76.3条约定：本合同为发包人和承包人唯一合法合同文本，如有补充协议须经建设行政主管部门备案后，方可生效。

1#商业楼合同约定：合同总价暂定761415.84元。合同价款的调整因素除通用条款第57.2条第1款至第8款规定外，还包括发包方或承包方对合同价款提出调整的因素。合同价款调整方法执行施工合同第二部分通用条款第60条及其他约定：①材料价格施工期间造价信息调整；②依据河北省2008年消耗定额计价；③工程量按图纸及签证、变更、定额计算规则计算；④措施费依据河北省2008年消耗定额计取。

（2）被告一提供了与被告二某市分公司签订的补充协议，协议不显示签订时间，施工内容及结算事宜较施工合同有变化。被告二对此合同签章表示认可，但认为是分公司签订，与其无关。

3#、5#、6#楼补充协议约定：工程承包范围为图纸、洽商记录及变更签证（甲分包、甲供材除外）；地下车库承包范围以招标范围为准；工程结算计价依据河北省2008年定额，所有工程取费类别均降低一个类别后取费，编制工程造价完毕后在双方认可工程造价的基础上降低3%后为本工程结算额（甲分包、甲供材不计入结算）；材料价格，主体工程材料价格按主体施工期内某市《造价管理与信息》内某市价格的平均价计价，装修工程材料价格按装修施工期内《造价管理与信息》内某市价格的平均价计价，装修工程及主体工程均有的材料价格调整方法按装修工程主体工程的材料平均价调整；工程量，按图纸、签证变更、河北省2008年定额计算规则；工程变更、签证，单项变更、签证造价在7000元以下的结算时不予增加或减少造价，单项变更、签证造价在7000元以上的结算时按实际增加或减少造价；施工水电费，乙方施工水电费在施工前预交；自2010年7月1日起以后政府相关部门出台的任何有关工程计价的政策性调整文件，本工程均不执行。

1#商业建筑工程施工合同补充协议约定：工程承包范围，图纸、洽商记录及变更签证（甲分包、甲供材除外），地下车库承包范围以招标范围为准；工程结算，计价依据河北省2008年定额，按配套取费表取费，编制工程造价完毕后在双方认可工程造价的基础上降低7%后为本工程结算额（甲分包、甲供材不计入结算）；材料价格，主体工程材料价格按主体施工期内某市《造价管理与信息》内市价的平均价计价，装修材料价格按装修施工期某市《造价管理与信息》内市价的平均价计价，装修工程及主体工程均有的材料价格调整方法按装修工程主体工程的材料平均价调整；工程计量依据图纸、签证变更、河北省 2008 年定额计算规则。

（3）原告提出施工合同是经过备案的中标合同，经过合法的招投标手续，涉及工程范围、建设工期、工程质量、工程价款等实质性内容时也应当以备案中标合同为准。

被告一认为因原告借用被告二资质，所以案涉合同是无效合同。被告二认为其没有施工，也没有收工程款，不应该承担责任，应由被告一按相关施工资料及项目实际情况进行结算。

（4）鉴定人员经讨论认为，车库及 1# 商业楼、3#、5#、6# 楼均有施工合同和补充协议，施工合同是否有效，实际履行哪份合同应由法院审理判定，不能"以鉴代审"，应依据施工合同和补充协议约定的结算方式分别出具鉴定意见，并编制了鉴定方案。鉴定人员与法官充分沟通后，法官要求分别按照施工合同和补充协议的结算方式进行工程造价鉴定，待合同效力等问题审理后再决定如何采用鉴定意见。某住宅小区 C 区车库和 3#、5#、6# 楼备案合同与补充协议对比见表 12-1。

表 12-1 某住宅小区 C 区车库和 3#、5#、6# 楼备案合同与补充协议对比表

序号	合同内容	备案合同	补充协议	备注
	一	某住宅小区 C 区车库和 C 区 3#、5#、6# 楼	某住宅小区 C 区 3#、5#、6# 楼	—
1	承包范围	工程量清单所含内容	图纸、洽商记录及变更签证（甲分包、甲供材除外）；地下车库承包范围以招标范围为准，其他以合同附件 2 为准	项目实际没有工程量清单
2	甲方分包工程	—	地板采暖（含分水器）、门窗（管道井门除外）、外墙保温、石材、面砖、不锈钢护栏、消防工程、电梯	甲方提供了分包合同
3	甲方供应材料	发包人不供应材料、设备	防水材料、外墙砖、屋面瓦、所有石材、广场砖、所有地面砖、通风机、电表箱及配电箱	—
4	甲方指定品牌材料	无	（指定范围以甲方通知为准）钢材、水泥、商品混凝土、电线、PPR 管、PVC 管、开关、插座等由甲方指定范围	—
5	合同工期	2010 年 12 月 8 日至 2012 年 6 月 7 日	—	—
6	工程质量标准	合格	合格	—

续表

序号	合同内容	备案合同	补充协议	备注
7	合同价款	总价 73697083.81 元；采用固定单价的方式；调整因素除通用条款第57.2条第1款至第8款外还包括发包方或承包方对合同价款提出调整的因素。调整方式执行通用条款第60条和其他约定：（1）材料价格施工期间造价信息调整；（2）依据河北省 2008 年消耗定额计价；（3）工程量按图纸及签证、变更、定额计算规则计算；（4）措施费依据河北省 2008 年消耗定额计价。通用条款第57.2条合同价款调整因素：因下列因素发生而引起的价款变化，合同价款按第60条调整，即（1）基准日以后实施的国家和本省法律、法规、规定；（2）省建设行政主管部门发布的造价调整规定；（3）经批准的设计变更；（4）经审定批准的施工组织设计、施工方案变更，但修正错误除外；（5）超过双方约定幅度的市场价格变化；（6）清单项目或工程数量的偏差；（7）超过双方约定的风险范围及幅度；（8）费用索赔事件或发包人负责的其他情况。通用条款第60条合同价款如需调整，发包人、承包人应按《河北省建设工程工程量清单编制与计价规程》[DB13(J)/T 150—2013]的规定调整价款，具体的调整方法应在专用条款中约定，如专用条款中没有约定，按通用条款的规定执行	甲乙双方在承包范围内共同挑选一栋具有普遍挖根生的单项工程分别按本合同编制工程造价，在双方认可总价后确定（元/m^2 单价），在依此推算承包范围内所有的单项工程单方造价及合同总价。合同总价用作进度拨款拨付基数，结算时按本合同相应条款执行	无工程量清单报价，所以没有固定单价
8	工程结算		计价依据河北省 2008 年定额，所有工程取费类别均降低一个类别后取费，编制工程造价完毕后在双方认可工程造价的基础上降低 3% 后为本工程结算额（甲分包、甲供材不计入结算）	—
9	材料价格		材料价格：主体工程材料价格按主体施工期内某市工程建设《造价管理与信息》内价格的平均价计价，装修工程材料价格按装修施工期内某市工程建设《造价管理与信息》内价格的平均价计价，装修工程及主体工程均有的材料价格调整方法按装修工程和主体工程的材料平均价调整	—
10	工程计量		按图纸、签证变更、河北省 2008 年定额计算规则	—
11	工程变更、签证		工程变更、签证：单项变更、签证造价在 7000 元以下的结算时不予增加或减少造价，单项变更、签证造价在 7000 元以上的结算时按实际增加或减少造价	—
12	政策性文件		自 2010 年 7 月 1 日起以后政府相关部门出台的任何有关工程计价的政策性调整文件，本工程均不执行	—

续表

序号	合同内容	备案合同	补充协议	备注
13	逾期交工	不设	按合同总价款向甲方支付日万分之三违约金	—
14	其他	本合同为发包人和承包人唯一合法合同文本，如有补充协议须经建设行政主管部门备案后，方可生效	—	—
二		某住宅小区C区1#商业楼	C区1#商业	—
1	承包范围	工程量清单所含内容	图纸、洽商记录及变更签证（甲分包、甲供材除外）	项目实际没有工程量清单
2	甲方分包工程	—	地板采暖（含分水器）、门窗（管道井门除外）、外墙保温、外墙涂料、消防工程	甲方提供了分包合同
3	甲方供应材料	发包人不供应材料、设备	外墙砖、屋面瓦、广场砖、所有地面砖、电表箱及配电箱	—
4	甲方指定品牌材料	无	（指定范围以甲方通知为准）电线、PPR管、PVC管、开关、插座等由甲方指定范围	—
5	合同工期	2010年12月8日至2012年4月7日	—	—
6	工程质量标准	合格	合格	—
7	合同价款	总价761415.84元；采用固定单价的方式；调整因素除通用条款第57.2条第1款至第8款外还包括发包方或承包方对合同价款提出调整的因素。调整方式执行通用条款第60条和其他约定：(1) 材料价格施工期间造价信息调整；(2) 计价依据河北省2008年消耗定额计价；(3) 工程按图纸及签证、变更、定额计算规则；(4) 措施费依据河北省2008年消耗定额计取	暂按建筑面积乘以1000元/m²等于合同总价；合同总价用于进度拨款拨付基数，结算时按本合同相应条款执行	无工程量清单报价，所以没有固定单价
8	工程结算		计价依据河北省2008年定额，按配套取费表取费，编制工程造价完毕后在双方认可工程造价的基础上降低7%后为本工程结算额（甲分包、甲供材不计入结算）	—

续表

序号	合同内容	备案合同	补充协议	备注
9	材料价格	总价 761415.84 元；采用固定单价的方式；调整因素除通用条款第 57.2 条第 1 款至第 8 款外还包括发包方或承包方对合同价款提出调整的因素。调整方式执行通用条款第 60 条和其他约定：（1）材料价格施工期间造价信息调整；（2）计价依据河北省 2008 年消耗定额计价；（3）工程按图纸及签证、变更、定额计算规则；（4）措施费依据河北省 2008 年消耗定额计取	主体工程材料价格按主体施工期内某市工程建设《造价管理与信息》内某市价格的平均价计价，装修工程材料价格按装修施工期内某市工程建设《造价管理与信息》内某市价格的平均价计价，装修工程及主体工程均有的材料价格按装修工程主体工程的材料平均价调整	—
10	工程计量		按图纸、签证变更、河北省 2008 年定额计算规则	—
11	工程变更、签证		—	—
12	政策性文件		—	—
13	逾期交工	不设	按合同总价款向甲方支付日万分之三违约金	—
14	其他	本合同为发包人和承包人唯一合法合同文本，如有补充协议须经建设行政主管部门备案后方可生效	—	—

（二）造价鉴定难点

本案造价鉴定的难点为双方当事人未能对施工进度进行确认，也没有提供监理日志或施工日志等资料。项目现场勘验距离施工时间已过去近 10 年，早已投入使用。经过技术分析，最终基于原告和被告二提供的资金月报表整理出施工进度（表 12-2），以此计算施工期人工和材料价格调整。

双方当事人认可分析结果，没有提出异议。

表 12-2 施工进度统计表

序号	施工内容	施工时间
一	3#、5#、6# 楼地下车库	
1	主体工程一次结构	2011 年 6 月至 2012 年 5 月
2	主体工程二次结构	2012 年 1 月至 2012 年 8 月
3	装修工程	2012 年 9 月至 2013 年 8 月

续表

序号	施工内容	施工时间
4	电气工程预留预埋	2011年6月至2012年8月
5	电气工程	2012年9月至2013年8月
6	给排水工程预留预埋	2011年6月至2012年8月
7	给排水工程	2012年9月至2013年8月
8	暖通工程预留预埋	2011年6月至2012年8月
9	暖通工程	2012年9月至2013年8月
二	商业1#楼	2012年1月至2012年3月

本案造价鉴定的难点还有，被告一未提供分包合同和结算资料等，无法准确计算分包工程配合费。鉴定人员根据日常工作积累的同期相近项目的资料，对分包工程价格如地暖、消防水、消防电、弱电项目等造价进行估算后作为分包工程配合费的计算基数，费率按照合同约定。

双方当事人最终认可了上述方法，没有提出异议。

三、鉴定情况

(一) 司法鉴定委托人提供鉴定材料的内容

(1) 中标通知书；(2) 建设工程施工合同、补充协议；(3) 施工图纸；(4) 设计变更；(5) 工作联系单；(6) 现场签证单；(7) 竣工验收报告；(8) 分包项目合同、证明；(9) 资金月报表；(10) 光盘影像资料。

(二) 工程造价司法鉴定情况

1. 鉴定过程

按照《建设工程造价鉴定规范》(GB/T 51262—2017) 的程序和方法，鉴定人员对送鉴资料进行分析计算，编制了鉴定工作方案，对缺少的鉴定图纸、监理日志、施工日志、甲供材明细表等资料提请委托人进行补充，并于2021年5月11日参加法院组织的现场勘验，在现场就一些问题询问了当事人。根据建设工程施工合同、补充协议、施工图纸、设计变更、工作联系单、现场签证单、分包工程合同、现场勘验记录等资料，依据河北省2008年定额及相关取费标准和造价信息，对委托鉴定范围内的工程进行计量、计价，形成鉴定意见，并于2021年6月21日出具了鉴定意见书（征求意见稿）。根据双方当事人所提异议调整并进行书面答复后，2021年7月26日出具正式鉴定意见书。根据委托人要求，2021年9月7日鉴定人出庭作证，当庭对当事人所提问题进行了答复。

2. 鉴定依据

（1）鉴定委托书；

（2）国家、省、市颁布的与工程造价司法鉴定有关的法律、法规、标准、规范及规定；

（3）建设工程施工合同、补充协议、施工图纸、设计变更、工作联系单、现场签证单、分包项目合同；

（4）现场勘验记录；

（5）《全国统一建筑工程基础定额河北省消耗量定额》（HEBGYD-A—2008）、《全国统一建筑装饰装修工程消耗量定额河北省消耗量定额》（HEBGYD-B—2008）、《全国统一安装工程预算定额河北省消耗量定额》（HEBGYD-C—2008）及相关取费文件；

（6）人工费：选择性意见一按照某市规定及《关于调整现行建设工程计价依据中综合用工单价的通知》调整，选择性意见二按照2008年河北省定额人工单价，未调整；

（7）材料价格：选择性意见一按照超出基期价格±3%以上部分调整差价，选择性意见二按照施工当期某市造价信息平均价格计入。

（8）其他相关资料。

3. 鉴定方法

本鉴定根据建设工程施工合同、补充协议、施工图纸、设计变更、工作联系单、现场签证单及分包工程合同，计算两种结果，供法院选择使用。因当事人未提供分包工程的结算价，所以分包工程配合费参照分包工程估算价计算。

（1）选择性意见一。

车库，3#、5#、6#住宅楼及1#商业楼，工程量计算依据图纸、变更签证洽商、现场勘验记录等确定；工程计价按照相应施工合同约定；措施费按常规计取。

甲分包项目包括回填土、地板采暖（含分水器）、门窗（管道井门除外）、外墙保温、外墙涂料、不锈钢护栏、消防工程、车库通风，管理配合费按分包项目造价的3%计取。

甲供材（外墙砖、屋面瓦、广场砖、所有地面砖、电表箱、配电箱、防水材料、所有石材、通风机），按市场价参与取费后扣除。

（2）选择性意见二。

车库及1#商业楼，3#、5#、6#住宅楼，工程量计算依据图纸、变更签证洽商、现场勘验记录等确定；工程计价按照1#商业建筑工程补充协议及3#、5#、6#住宅楼建筑工程补充协议，车库工程计价按照车库和3#、5#、6#住宅楼施工合同（因补充协议未约定车库的计价方法，所以两种选择性意见中，车库的造价均是按照施工合同进行鉴定的）；措施费按常规计取。

甲分包项目包括回填土、地板采暖（含分水器）、门窗（管道井门除外）、外墙保温、外墙涂料、不锈钢护栏、消防工程、车库通风，管理配合费按分包项目造价的3%计取。

甲供材（外墙砖、屋面瓦、广场砖、所有地面砖、电表箱、配电箱、防水材料、所有石材、通风机），按市场价参与取费后扣除。

(3) 因图纸未见室内刮两遍腻子的做法，且随时间变化已无原始现场，因此无法进行勘验。根据法院要求依据原告提供视频资料，计算室内刮腻子造价，计入不确定性意见。

4. 鉴定意见

(1) 工程造价选择性意见一：82945340.09元。

(2) 工程造价选择性意见二：75309567.53元。

(3) 不确定性意见。

根据备案合同计算刮腻子工程造价：349655.67元；

根据补充协议计算刮腻子工程造价：287234.00元。

(三) 案件当事人对工程造价鉴定意见的异议问题

1. 被告一异议

(1) 对工程造价选择性意见一不认可。

(2) 对工程造价选择性意见二的意见如下。

材料价格：应该按补充协议及与被告一约定，分主体施工段、装修段平均价计算；对甲供材参与取费不认可。

给水穿管井楼板处套管，管井内水表后阀门及管道，排污泵、温控阀、单壁螺旋管、塑料水龙头，水龙头DN15、止回阀DN80、锁闭阀DN20、减压阀DN20、水表配套截止阀DN20、止回阀DN50、截止阀DN80为甲分包；采暖穿管井楼板处套管，管井内采暖立管、热量表后管井内支管及管井内支管上阀门，屋顶通风机及卫生间风机、风管，管井内阀门、热量表、风机、多页送风口为甲分包；地下车库给排水工程焊接法兰阀、多级离心泵、仪表设备与管路伴热为甲分包；车库主体工程钢制防火门、防火卷帘门、防火卷帘门手动装置为甲分包。

鉴定机构对被告一的异议进行了答复，鉴定意见材料价格是按主体施工段、装修段平均价格分别计算的。根据取费标准规定，甲供材应计入安全文明、税金基数。

给水穿管井楼板处套管，管井内立管是甲分包，考虑套管预留洞人工，已调整；给排水管井内水表后阀门及管道，根据关于水电工程的通知资料，给水工程表后部分及户内为被告二负责，所以计入在内。给排水排污泵，补充协议中约定为甲供材，鉴定意见是按照甲供材计入的，材料价已在费用汇总表中扣除。签证资料显示温控阀为甲供材，材料价格已在费用汇总表中扣除。水龙头已调整为塑料水龙头；水龙头DN15、止回阀DN80、锁闭阀DN20、减压阀DN20，水表配套截止阀DN20、止回阀DN50、截止阀DN80，未见资料表明是甲分包，鉴定意见按图纸计入；6#楼暖通工程采暖穿管井楼板处套管、管井内采暖立管，根据水电工程通知资料，采暖工程室外热力入口装置工程内容归外网，未见采暖管井内立管为甲分包的资料，鉴定意见按图纸计入；热量表后管井内支管及管井内支管上阀门，此部分未见资料表明是甲分包，鉴定意见按图纸计入；屋顶通风机及卫生间风机、风管，未见资料表明是甲分包，依据补充协议，通风机为甲供材，所以通风机材料费已在费用汇总表中扣除。管井内阀门、热量表、风机、多页送风口，热量表及风机根据资料为甲供材，已在费用汇总表中扣除；多页送风口、管井内阀门未见资料表明是甲供材或甲分包，鉴定意见按图纸计入。车库给排水工程焊接法兰阀、多级离心泵，补充协议中约定为甲供材，鉴定意见是按照甲供材计入的，材料费已在费用汇总表中扣除；仪表设备与管路伴热，未见资料表明是甲分包，鉴定意见按图纸计入。车库主体工程钢制防火门、防火卷帘门、防火卷帘门手动装置未见资料表明是甲分包，鉴定意见按图纸计入，此部分工程造价为56810.20元。

2. 原告异议

鉴定意见书未计入的工程量为：人工清槽部分；管桩填芯及处理；主楼塔吊基础及施工电梯基础；钢楼梯及栏杆；空调洞套管；冷凝水管；地下铸铁盖板；植筋；碎石垫层；排水沟；楼梯栏杆及扶手；管道井地面、墙面、天棚。室内见白（刮腻子两遍），图纸做法中室内没要求见白部分，建设单位现场管理人员要求我单位见白，有视频影像资料为证，已提交到法院，应予计量计价。施工期间河北省住建部门发布了人工费调整文件，应按文件调整。

鉴定机构对原告的异议进行了答复，排水沟工程量已计入筏板基础；跃层处钢楼梯及栏杆无变更图，鉴定意见未考虑；图纸未要求植筋，鉴定意见按预留钢筋计入；管道井地面、天棚图纸无做法且无变更，鉴定意见未计入；人工清槽、管桩填芯及处理，主楼塔吊基础及施工电梯基础，空调洞套管、冷凝水管，地下铸铁盖板、碎石垫层，楼梯栏杆及扶手、管道井墙面变更，鉴定意见根据图纸、变更做法进行调整。室内刮腻子两遍已在鉴定意见中说明计入了不确定性意见，由法院根据审理情况判定。

选择性意见一依据备案合同通用条款规定，按住建部门发布的调整文件调整了人工费；选择性意见二依据补充协议约定七（自2010年7月1日起以后政府相关部门出台的任何有关工程计价的政策性调整文件均不执行），未调整人工费。

四、出庭作证情况

根据法院通知的规定时间，鉴定机构安排鉴定人员出庭质证，就双方当事人质询进行了答复。

（1）原告异议。

原告认为应该采信选择性意见一。

（2）被告一异议。

被告一不同意按照选择性意见一进行结算，但认为选择性意见二的造价中有些事实依据不符合合同约定。被告一认为应按其自行委托专业人员计算的鉴定造价64968508.48元确定，其主张的造价资料未在法庭辩论终结前提交。

被告一对配合费的计算，箍筋直径、地暖钢筋网，措施项目中二次搬运、停水停电增加费的计取，车库人工费是否调整、是否按照协议约定下浮，钢板止水带材料价格等问题提出异议，并提出原告擅改内墙抹灰施工工艺及做法，影响美观及后期在此之上的再装修的问题。

鉴定人员对被告一所提事项当庭进行了答复，当事人未提供分包工程相关结算资料，按分包工程估算造价的3%计取配合费；钢筋套子是按直径Φ6mm计入造价的；土建地面做法中无钢筋网，鉴定意见中未计入钢筋网；措施费按定额规定计取；地下车库专项条款中约定其他事项执行主合同，依据主合同车库人工费按行政主管部门文件进行调整，整体造价不下浮；钢板止水带按施工期信息价平均值计入；内墙抹灰未按图纸施工，属于质量问题，与造价鉴定无关。

上述异议问题的答复得到了当事人和法庭的认可。

（3）法庭经过审理认为，施工合同中建筑公司的印章与被告二印章不一致，该合同不能作为合同相对人结算的依据。

根据《最高人民法院关于审理建设工程施工合同纠纷案件适用法律问题的解释》中承包人未取得建筑施工企业资质或者超越资质等级的，建设工程施工合同认定无效的规定，被告一与被告二某市分公司签订的补充协议无效。

根据《最高人民法院关于审理建设工程施工合同纠纷案件适用法律问题的解释（二）》第十一条，"当事人就同一建设工程订立的数份建设工程施工合同均无效，但建设工程质量合格，一方当事人请求参照实际履行的合同结算建设工程价款的，人民法院应予支持"，合同实际履行中，被告一将案涉工程款支付给被告二某市分公司，该分公司再将案涉争议款项支付给原告，案涉工程价款应参照实际履行的施工合同（补充协议）约定结算。

法院最终采信选择性意见二工程造价75309567.53元，由于图纸、补充协议均未载明刮腻子，法院未采信不确定性意见。

五、心得体会

（一）鉴定方案的重要性

接到法院委托后，合理配置鉴定人员组成鉴定小组，编制鉴定方案，这是整个鉴定工作的指导文件。要仔细研究委托书、鉴定申请、起诉状、庭审笔录、质证笔录等资料，分析双方争议焦点，认真审阅其他鉴定资料，确定人员分工、工作程序、时间节点安排、鉴定方法等。时间安排必须满足鉴定期限要求，鉴定方法应当依据或遵守国家标准、行业标准和技术规范。鉴定过程中，鉴定负责人要按照鉴定方案的要求，根据工作的进行情况随时督导进度，协调各专业交叉内容，保证鉴定结果的正确性。

（二）现场勘验的重要性

现场勘验时至少应有一名主要鉴定人员到场参加。勘验现场应制作勘验记录，并由勘验人、当事人签名或盖章。现场勘验前各专业鉴定人员要熟悉项目的合同、图纸、变更签证等鉴定资料，需要核实的问题提前做好记录，现场勘验时逐项核实，对双方有争议的问题要分别记录。现场勘验时，就事论事，不说敏感话题，向当事人解释勘验工作的程序，要避免双方当事人现场对立。

（三）不能"以鉴代审"

讨论鉴定方案时，依据河北省高级人民法院印发的《建设工程施工合同案件审理指南》的规定，法律、行政法规未规定必须进行招投标的建设工程，经过合法有效的招投标程序的，当事人实际履行的建设工程施工合同与备案中标合同实质性内容不一致的，应当以中标合同作为工程价款的结算根据。有鉴定人员认为只需要按备案合同的约定鉴定工程造价即可，鉴定小组经讨论后认为，实际施工人不是备案合同的签订人，合同效力问题属于法院审理范畴，不能擅自决定。经与法官沟通后按备案合同和补充协议分别出具选择性意见。